Hans Mårtensson

Kleine Holzbauten

selbst gemacht

Hans Mårtensson

Kleine Holzbauten

selbst gemacht

Verlag Th. Schäfer, Hannover

Überarbeitete Fassung eines zuerst von AB Svensk Byggtjänst herausgegebenen Buches mit dem gleichen Titel

Text und Illustrationen: Hans Mårtensson
Grafik: Arne Öström

Deutsche Ausgabe:

Aus dem Schwedischen übersetzt von
Peter Müller, Menden
Lektorat: Joachim F. Baumhauer
Satz: topLetter, Seelze
Druck: Italgraf/Eurolitho, Italien 1999

ISBN 3-88746-399-4
Best.-Nr. 9108

Hinweise des Verlages

„Kleine Holzbauten selbst gemacht" ist zuerst in Schweden erschienen. Das Buch bietet dabei besonders für den deutschen Leser hervorragende Anregungen, besitzen doch unsere nordischen Nachbarn eine lange Tradition im Umgang mit Holz. Einige Punkte sind jedoch bei der Umsetzung der Bauanleitungen zu bedenken.
Bei dem einen oder anderen Bauvorhaben bedarf es der behördlichen Genehmigung. Informieren Sie sich vor dem Bau unbedingt zuerst bei Ihrer zuständigen Bauaufsichtsbehörde (siehe auch Seite 10).
Die im Buch angegebenen Maße für Holz entsprechen dem Standardsortiment schwedischer Baumärkte und Holzhandlungen. In Deutschland sind zum Teil andere Abmessungen gängig. Sie können selbstverständlich die im Buch angegebenen Maße Ihren Bedürfnissen gemäß abändern und hiesige Standardabmessungen verwenden. Natürlich können Sie sich auch die Hölzer in jedem anderen Maß zuschneiden lassen. Informieren Sie sich in Ihrer Holzhandlung oder in Ihrem Baumarkt. Das gleiche gilt für andere Baustoffe. Die im Kapitel über Hölzer eingeführten Klassifikationen gelten für Schweden, sind aber in Deutschland ähnlich. Auf die dargestellten Konstruktionen haben sie keinen Einfluß.

Inhalt

Für Onkel Reiners

Kleine Holzbauten selbst gemacht

Dieses Buch zeigt Ihnen, wie Sie kleine Gebäude aus Holz selbst bauen können. Sie finden zum Beispiel einen Schuppen für Brennholz, ein Gerätehaus und ein Gästehäuschen, eine Außentoilette, ein Brunnenhaus (wenn man dieses als „Haus" bezeichnen will), einen Gartenpavillon, ein Gewächshaus, einen Lustpavillon, ein Spielhaus für Kinder, eine Garage und sogar ein kleines Ferienhaus. Das einführende Kapitel behandelt das Legen der Fundamente und das Aufbauen des Holzfachwerkes, die Konstruktion des Daches und der Wände. Beschrieben wird, wie Fenster und Türen montiert werden und wie man eine Fachwerkkonstruktion wärmeisolieren kann. In einem weiteren Kapitel werden unterschiedliche Baumaterialien für Wände und Dächer genannt. Dann lernen Sie noch, wie ein kleines Holzhaus angestrichen werden muß.

Viele Menschen lieben es, an ihrem Haus zu werkeln, ganz gleich ob es sich um ein Wohn- oder ein Ferienhaus handelt. Einige versuchen sich sogar an einem Neubau. In diesem Buch zeigen wir, daß es nicht allzuschwer ist, wenn Sie erst einmal mit einem eigenen kleinen Bauwerk Erfahrungen gesammelt haben. Wenn Sie sich noch unsicher fühlen, so können Sie auch mit einem Tischler zusammenarbeiten. Er kann Ihnen beim Fundament und beim Fachwerkgerüst helfen, so daß Ihnen dann der Anfang leichter fällt. Dies ist für Anfänger eine gute Gelegenheit, Arbeitsmethoden und Arbeitsgänge kennenzulernen und sich spezielle Techniken abzuschauen. Als ich mein Ferienhaus baute, half mir einige Wochen lang ein Tischler, bis Dachstuhl und Dach fertig waren.

Natürlich gibt es auch Menschen, die nicht selber bauen wollen oder können oder vielleicht nicht genügend Zeit dafür haben. Dieses Buch kann dann mit Anregungen und Tips dienen, wie etwa eine Garage oder ein Geräteschuppen aussehen könnten. Die Arbeit kann dann später auch durch einen Bautischler ausgeführt werden. Das Buch will Ihnen auch das Wissen vermitteln, das Sie brauchen, wenn Sie mit einem Tischler Kontakt aufnehmen.

Eine weitere Absicht dieses Buches ist es, Sie dazu anzuregen, eigene Häuser zu entwerfen. Wenn Sie erst einmal die Methoden für den Bau eines kleinen Hauses erlernt haben, ist es nicht schwer, einen eigenen Entwurf zu machen. Und wenn Sie Ihr erstes kleines Bauwerk fertig haben, wollen Sie vielleicht ausprobieren, ein größeres Gebäude zu errichten, vielleicht ein Gästehaus als Erweiterung des Ferienhauses oder einen großen Schuppen für Ihren Garten.

Die Baubeschreibungen in diesem Buch basieren auf dem Material, das ursprünglich unter anderem für das in Schweden erscheinende Informationsblatt „Trä Information" („Holzinformation") und die Zeitschrift „Hus & Hem" („Haus und Heim") geschrieben wurde.

Einen Grundsatz will ich allen Selbstmachern unter den Bauherren dringend ans Herz legen: Setzen Sie immer auf gute Qualität! Das gilt sowohl für das Material als auch für die Bauausführung. Benutzen Sie gutes Baumaterial und geizen sie nicht beim Holzkauf. Bedenken Sie, daß Sie auf der anderen Seite beim Selbstbau die Lohnkosten sparen. Wählen Sie immer die beste Qualität, und Sie werden lange Freude an Ihrem Werk haben.

Ihr Hans Mårtensson

Bevor Sie anfangen

Frühzeitig planen

Der Bau eines kleinen oder großen Hauses braucht Vorbereitung und Planung. Haben Sie die Absicht, im Sommer zu bauen, sind Winter und Frühjahr die richtige Zeit für die Planung. Wenn Sie eine Baugenehmigung benötigen, reichen Sie den Antrag am besten bereits ein halbes Jahr vor Baubeginn ein. Manchmal kann die Erteilung einer Baugenehmigung aus verschiedenen Gründen längere Zeit dauern.

Beim Material kann man einiges an Geld sparen, indem man Kostenvoranschläge bei verschiedenen Lieferanten einholt. Zuerst muß für die Preisanfrage eine Aufstellung des Materialbedarfs nach Abmessung und Anzahl erstellt werden. Zur Länge von Balken und Wandverschalungen sollte man immer mindestens 10 cm als Verschnitt dazurechnen.

Wenn es die Fenster oder Türen nicht im Standardsortiment gibt, können diese im Maßstab 1 : 10 aufgezeichnet und bestellt werden. Hierzu benötigt man eine ganz exakte Beschreibung der Abmessungen. Man sollte auch eventuelle Sonderwünsche angeben, wie zum Beispiel eine breitere Fensterzarge, die auf der Innenseite nicht mehr aufgefüttert werden muß, eine untere Nut für das Traufblech, eine Türschwelle aus Eiche, ein Anstrich mit Grundierungsöl, eine Grundierung vor der Verglasung oder Sprossen sowohl im Innen- als auch im Außenfenster.

Handelt es sich um einen Schuppen oder ein kleines Ferienhaus, kann man eventuell Fenster mit Einfachverglasung und ohne Montagerahmen wählen. Diese Variante ist meistens bedeutend preiswerter, und die Fensterflügel können direkt an die Fachwerkkonstruktion des Hauses montiert werden. Wird ein spezielles Profil für Sprossen, Fensterkreuz oder Zarge verlangt, muß es in Originalgröße aufgezeichnet werden. In der Bestellung beschreibt man dann, daß dieses oder ein ähnliches Profil angefertigt werden soll. Die Preisanfragen für Fenster, Türen oder wenn erforderlich für Treppen schickt man an Tischlereien, die sich auf Fenster- oder Türbau spezialisiert haben. Die Anfragen nach Holz oder Standardelementen schicken Sie an verschiedene Baumärkte oder Holzhandlungen. Die günstigsten Angebote erhält man gewöhnlich von kleinen Sägewerken oder Tischlereien, da diese mit geringen Kosten arbeiten können. Außer Hölzern verschiedener Abmessungen benötigt man unter Umständen Baumaterial für das Dach, wie beispielsweise Dachpappe, Dachlatten oder Dachpfannen, sowie Beton, Gußformen und Blocksteine für das Fundament.

Zum Schluß können Details wie Farbe, Nägel oder Traufbleche festgelegt werden. Soll das Haus eingerichtet und isoliert werden, benötigt man Isoliermaterial, Windabdichtungen, Kunststoffolie, Faserplatten und Futterleisten für Fenster, Türen und Sockel. Vergessen Sie nicht in Ihrer Preisanfrage so wichtige Details wie Holzqualität oder Transportkosten. Wenn Sie beim Verladen des Holzes anwesend sein können, besteht dabei die Möglichkeit, verzogene oder schlechte Holzteile auszusortieren.

In Schweden gibt es vereinfachte Baubestimmungen für Sichtschutzwände aus Holzplanken, Schuppen und Überdächer.

Wann braucht man eine Baugenehmigung?

Der normale Hausbesitzer braucht nicht alle Gesetze und Paragraphen zu kennen, die für Grundbesitzer und Bauherren wichtig sind. Innerhalb der jeweiligen Gemeinde gibt es übersichtliche Bebauungspläne, die die Nutzungsart der Grundstücke regeln. Man kann sich jederzeit an die lokale Baubehörde wenden, um seine speziellen Fragen, die beispielsweise Neu-, An- oder Umbauten betreffen, beantwortet zu bekommen.

In Schweden können die Bestimmungen für Neubauten sehr unterschiedlich sein, je nachdem ob es sich um Wohn- oder Freizeitbebauung handelt. Bei uns werden auch Unterschiede zwischen Einzel- und Siedlungsbau gemacht. Manchmal gelten Ausnahmebestimmungen, wenn es sich beispielsweise um ein Seegrundstück oder ein Naturschutzgebiet handelt oder wenn der Denkmalschutz eine Rolle spielt.

Der größte Teil der Beispiele in diesem Buch ist an die vereinfachten Baubestimmungen angepaßt. Die sogenannten „Friggebodsreglerna“ (schwedische Baubestimmungen beim Bau von Schuppen und Anbauten, die nicht dem Wohnzweck dienen) wurden vor einigen Jahren eingeführt. Der Grund dafür war, daß man versucht hat, die bürokratischen Hindernisse für einfache Bauanliegen weitgehend aus dem Weg zu räumen.

Wenn ein Neubau geplant wird, sollten natürlich praktische Fragen und nicht das Baurecht im Vordergrund stehen. Manchmal kann es sinnvoll sein, den Holz- oder Geräteschuppen 18 m²

Baubestimmungen in Deutschland

- Bei dem einen oder anderen der in diesem Buch dargestellten Bauvorhaben bedarf es in Deutschland der behördlichen Genehmigung. Passagen im Buch, die Baubestimmungen betreffen, beziehen sich auf schwedisches Bau- und Nachbarrecht. Sie sind daher für Deutschland nicht oder nur eingeschränkt zutreffend.
- In Deutschland gilt die Bauordnung des jeweiligen Bundeslandes. Das hat historische Gründe. In der Bundesrepublik besitzt seit einem Gutachten des Bundesverfassungsgerichts der Bund rechtliche Kompetenz nur auf planerischem Gebiet. Für das übrige Baurecht, insbesondere das herkömmliche Baupolizeirecht, sind ausschließlich die Länder zuständig.
- Ob für Ihr nach diesem Buch geplanten Bauvorhaben eine Baugenehmigung erforderlich ist, ergibt sich aus dem jeweiligen Landesrecht (Bauordnung). Auch die Frage der Abstände zu den Grundstücksgrenzen kann unterschiedlich geregelt sein. Darüber hinaus gilt es unter Umständen örtliche Bauvorschriften über die Gestaltung bestimmter baulicher Anlagen sowie Vorschriften der Denkmalpflege zu beachten.

Um völlig sicher zu gehen, sprechen Sie Ihre Vorhaben rechtzeitig vor Baubeginn mit der zuständigen Bauaufsichtsbehörde (Stadt, Gemeinde, Landkreis) ab. Informieren Sie sich gründlich über die für Ihr Grundstück geltenden Bauvorschriften.

statt 10 m² groß zu bauen. In diesem Fall muß man selbstverständlich eine Baugenehmigung beantragen.
Bei der Baubehörde bekommen Sie Informationen und Formulare. Die Unterlagen, die Sie mitbringen müssen, bestehen neben der Zeichnung des Hauses im Maßstab 1:100 unter anderem aus der technischen Beschreibung und dem sogenannten Lageplan. Dieser Plan muß neben den verschiedenen Ansichten der Fassade auch den Grundriß und Querschnittszeichnungen enthalten. Das Haus wird in den Lageplan im Maßstab 1:500 oder 1:1000 eingezeichnet. Der Schornstein wird im Maßstab 1:10 dargestellt. Ebenso müssen eventuelle Versorgungs- oder Entsorgungsanlagen aus dem Lageplan ersichtlich sein und den Umweltbestimmungen und Gesundheitsvorschriften entsprechen.

Grundstücksplanung

Wenn Sie beabsichtigen, auf Ihrem Grundstück ein kleines Gebäude zu errichten, sollten Sie es so planen, daß es sich in die vorhandene Bebauung gut einfügt. Dabei sollte es mit den natürlichen Gegebenheiten des Grundstücks harmonieren. Manchmal ist es günstig, den Neubau so zu plazieren, daß ein schöner Freisitz mit viel Sonne entsteht, der sicht- und windgeschützt liegt. Ergänzen Sie das Gebäude beispielsweise mit einer Außenterrasse aus Holz und einer Sichtschutzwand aus Holzplanken, einem Spalier für Kletterpflanzen oder einer Fliederhecke. Wählen Sie den Sonnenplatz danach aus, ob sie Morgen-, Mittags- oder Nachmittagssonne bevorzugen. Denken Sie daran, daß große Bäume lange Schatten werfen!
Nehmen Sie Ihre Grundstückskarte, machen Sie Kopien, und zeichnen Sie einige Varianten Ihres Bauvorhabens ein.

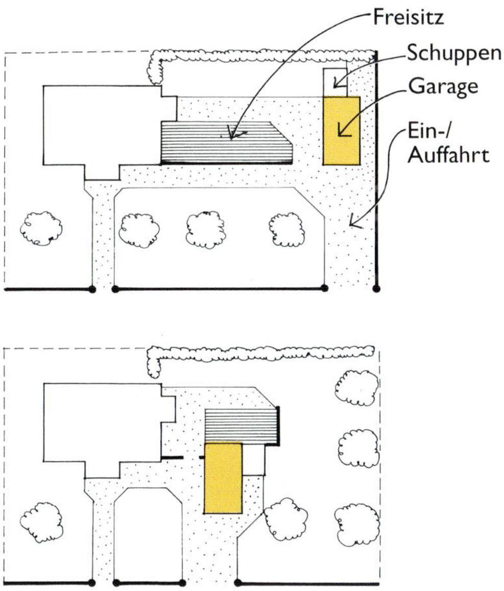

Beispiel für eine Grundstücksplanung mit Wohnhaus, Garage, kleinem Schuppen und Terrasse mit Plankenzaun, der vor Einblick und Wind schützt.

Anbauten

Ein Haus kann sowohl in der Grundfläche als auch in der Höhe vergrößert werden. Dachgauben vergrößern den Raum. Eine Veranda oder ein Balkon können im Sommer als zusätzlicher Wohnraum genutzt werden. Eine große verglaste Veranda kann als extra Badezimmer, als Arbeitsplatz oder als erweiterter Eßplatz im Anschluß an die Küche dienen. Zwei winklig zueinander stehende Häuser können durch einen flachen Anbau verbunden werden.

Die Lage des Hauses auf dem Grundstück

Wird die Lage des neuen Hauses festgelegt, ist es wichtig, daß die Fundamente genau an der richtigen Stelle gelegt werden. Handelt es sich um ein genehmigungspflichtiges Gebäude, sprechen Sie mit der Kommune, damit Sie es richtig plazieren. Das gehört zu den Leistungen, die sie mit der Gebühr für die Baugenehmigung zahlen. Stellt die Plazierung kein Problem dar, können sie die Vermessung vielleicht selbst vornehmen, was im Anschluß daran durch den zuständigen Bauinspektor kontrolliert werden muß. Gebäude, die kleiner als 10 m² sind, fallen normalerweise unter die sogenannten „Friggebodsreglerna“ (schwedische Baubestimmungen bezüglich des Baus von Schuppen und Anbauten, die nicht dem Wohnzweck dienen). Beachten Sie bitte die Hinweise im gelben Kasten auf der vorigen Seite!
Um die Fundamente zu markieren, sollte man angespitzte Eckmarkierungen aus Holz und ein langes Stahlmaßband benutzen. Die Ecken der Grundstücksgrenze werden meistens durch Eisenrohre markiert. Um die exakte Lage der Grundstücksgrenze herauszubekommen, kann eine lange Schnur gerade zwischen die Eckpfeiler gespannt werden. Wenn die Grundstücksgrenze markiert ist, ist es normalerweise nicht so schwer, die Ecken der Hausfundamente einzumessen.

Durch den Vergleich des Lageplans mit der Wirklichkeit kann eine Kontrollvermessung durchgeführt werden. Hierzu mißt man beispielsweise den Abstand zu einem anderen Gebäude.

Um zu kontrollieren, ob die Ecken des Hausfundamentes rechtwinklig sind, vergleicht man die beiden Diagonalen. Wenn das Diagonalmaß gleich ist, sind die Ecken rechtwinklig. Jetzt ist der Grundriß des Hauses durch Markierungen, die an jeder Ecke eingeschlagen werden, markiert. Diese Markierungen sind später im Weg, wenn Löcher für Eckpfeiler oder Grundmauern gegraben werden. Deshalb werden die Schnüre an den gedachten Außenseiten des Fundaments gespannt. Acht angespitzte Pfähle werden als Verlängerung der Seiten außerhalb der Ecken eingeschlagen. Vier Schnüre oder Stahldrähte werden danach zwischen diesen Pfosten gespannt, so daß sie sich genau in den Ecken kreuzen. Jetzt können die Eckmarkierungen entfernt werden.

Durch Anheben oder Senken der gespannten Schnüre kann man die Höhe des Fundaments oder der Pfähle exakt festlegen. Die Oberkante des Fundamentes muß waagerecht sein, was das Grundstück jedoch selten ist. Die waagerechte Ausrichtung kann mit Hilfe einer langen Wasserwaage, die auf einem geraden langen Brett befestigt wird, durchgeführt werden. Eine andere Möglichkeit ist ein langer, durchscheinender, wassergefüllter Schlauch, eine sogenannte Schlauchwaage. Der Schlauch wird an der niedrigsten Stelle fixiert und danach an die übrigen Eckpfosten gehalten. Durch den Vergleich des Wasserniveaus im Schlauch und dessen Markierung auf dem Pfosten kann man danach die Höhe der Schnüre waagerecht einstellen. Ist der Schlauch komplett mit Wasser gefüllt und ohne Luftblasen, sind die Wasseroberflächen auf exakt demselben Niveau.

Konstruktiver Feuchtigkeitsschutz

Konstruktiver Feuchtigkeitsschutz heißt, so zu bauen und das Material so zu verwenden, daß Feuchtigkeitsschäden vermieden werden. Meistens ist Feuchtigkeit die Ursache dafür, daß Farbe abblättert und daß Holzteile verrotten oder von Schimmel angegriffen werden.

Wir beginnen von unten: Das Fundament sollte auf trockenem und festem Boden errichtet werden. Besteht die Gefahr, daß der Boden im Frühjahr bei Tauwetter aufweicht und einsinkt, muß dies berücksichtigt und das Fundament so tief angelegt werden, daß es auf frostfreiem Boden steht. Ist der Boden feucht, muß rund um das Haus eine Drainage gelegt werden. Unter einer Grundplatte oder einem Fundament wird eine Drainageschicht aus Schotter angelegt. Zwischen Holzbalken und dem Betonfundament muß eine feuchtigkeitsabweisende Isolierschicht aus einem Streifen Bitumenpappe angelegt werden. Wenn möglich, sollte ein Hausfundament um 30 cm über den Boden ragen, so daß bei Regen nicht Spritzwasser und Bodenfeuchtigkeit die Holzpaneele der Wände durchnässen. Das kann natürlich bei kleinen Häusern schwierig sein.

Die Wandpaneele sollten von guter Qualität sein und so vernagelt werden, daß sie sich bei unterschiedlichen Temperaturen ausdehnen und zusammenziehen können, ohne zu reißen. Wenn Sie die Wände mit einer Stülpschalung verkleiden, wird das Kernholz bei jedem zweiten Brett nach außen gelegt. Die dazwischenliegenden Bretter liegen mit dem Kernholz nach innen, so daß die natürliche Muldung des Holzes dazu beiträgt, den Zwischenraum zwischen den Paneelen abzudichten. Stöße sollte man bei Paneelen vermeiden, weil an diesen Stellen Feuchtigkeit eindringen kann und sowohl der Anstrich als auch das Holz zerstört werden können. Ein solcher Stoß kann nur durch Farbe nicht dauerhaft gedichtet werden. Die Paneele, die auf dem Giebel angebracht werden, müssen die Wandpaneele überlappen. Sowohl die überlappenden Paneelenden als auch die unten am Sockel der Hauswand müssen mit einer Gehrung/Tropfkante versehen werden und zum Anstrich für den Pinsel zugänglich sein.

Übergänge und Anschlüsse zwischen Wandpaneelen, Fenstern und Türen werden mit einem exakt eingepaßten Blech abgedeckt. Zwischen den Paneelenden und dem Blech läßt man einen Zwischenraum, so daß das Kopfholz mit einem flachen Pinsel angestrichen werden kann. Die Kante zwischen der Windfeder und den Dachpfannen wird mit einem Winkelabdeckblech sorgfältig eingekleidet. Die Wandpaneele müssen dann auf dünne Distanzleisten genagelt werden, damit auf der Rückseite ein belüfteter Hohlraum entsteht.

Wie die Fassade, Fenster oder Türen angestrichen werden oder welche Farbe man nimmt, hängt davon ab, wie stark das Haus vor Feuchtigkeit geschützt werden muß. Eine breite Dachtraufe und Dachrinnen mit Fallrohr schützen die Fassade vor Niederschlag.

Fundamente

Damit der Bau eines Hauses gelingt, muß das Fundament stabil und ordentlich gearbeitet werden. Prinzipiell gibt es drei Arten, ein Fundament zu errichten:

- mit Betonpfeilern
- mit Grundmauern
- mit einer Bodenplatte aus Beton.

Für ein kleines Gebäude kommen alle drei Methoden in Frage. Im wesentlichen hängt die Wahl aber von der Beschaffenheit des Bodens, der Größe und Höhe des Hauses und seiner späteren Nutzung ab.

In diesem Zusammenhang sind Bodenfrost und die damit verbundenen Erdverschiebungen zu beachten. Es geht hierbei eigentlich darum, wieviel Feuchtigkeit das Erdreich enthält. Materialien wie Stein, Kies oder Sand sind gewöhnlich für Feuchtigkeit sehr durchlässig. Feinkrümelige Erde dagegen hat die Eigenart, sehr viel Feuchtigkeit auzunehmen. Physikalisch ausgedrückt hat feinkrümelige Erde die Fähigkeit, das durch die Kapillarkräfte aufsteigende Wasser zu binden. Das bedeutet, daß die Bodenfeuchtigkeit nach oben gelangt, ungefähr wie in einem Badeschwamm. Wenn die feuchte Erde dann gefriert, kann sie sich um bis zu 10 % ausdehnen, was zur Folge haben kann, daß sich das Fundament bewegt oder verschiebt. Manche ungünstige Untergründe setzen sich außerdem durch das Gewicht eines schweren Hauses. Beachten Sie daher die Bodenbeschaffenheit, wenn Sie Ihr Fundament bauen und wählen Sie einen geeigneten Platz für das Haus.

Eine der meistgestellten Fragen ist: Wie tief soll ich das Fundament anlegen, um Setzungen und Bewegungen durch Frost im Boden zu vermeiden? Die Antwort darauf ist eine Berechnung, die von der geographischen Lage und der Bodenart abhängt. Außerdem wird dabei beachtet, ob der Boden trocken oder feucht ist, wie tief das Grundwasser liegt, ob das Fundament an den Untergrund Wärme abgibt usw. Zur Hilfe bei solchen Berechnungen gibt es in Schweden eine Karte, die die Frosttiefe in frostgefährdeten Böden angibt. In den südlichen Teilen unseres Landes liegt diese Bodentiefe bei 1,10 m, im hohen Norden kann es sich auch um einige Meter handeln.

Wenn Sie ein größeres Haus bauen wollen und eine Baugenehmigung benötigen, kann man auch Hilfe von den kommunalen Bauingenieuren erhalten, die einen bei der Fundamenttiefe und der richtigen Baumethode beraten. Sie können aber auch andere Bauingenieure um Rat fragen. Wenn man gut vorbereitet ist und eine Grundstückskarte, Skizzen und Zeichnungen mitgebracht hat, nimmt eine solche Konsultation nicht viel Zeit in Anspruch.

Wenn der Untergrund stabil und wasserdurchlässig und das Haus klein sein soll, reichen gewöhnlich gegossene Betonpfähle als Fundament aus. Für den Selbstbauer ist dies die einfachste Methode. Für ganz kleine Gebäude wie beispielsweise ein Spielhaus für Kinder oder ein Lustpavillon können schon eingegrabene Betonsteine oder Gehsteigplatten als Fundament ausreichen. Der Boden muß natürlich dafür geeignet sein und der Mutterboden vorher abgetragen werden.

Wenn man die Löcher für die Betonpfähle gräbt, muß man hinunter bis zum festen Untergrund. Das bedeutet, daß zunächst die Muttererde abgetragen wird, wonach man so lange gräbt, bis man auf festen, stabilen Untergrund gelangt. Die Tiefe sollte auf jeden Fall mindestens 80 cm oder mehr betragen. Nur wenn der Boden sehr steinig oder hart ist, darf man weniger tief graben.

Betonpfähle

Betonpfähle werden in Formen aus Pappe, Holz, Platten, Kunststoffrohr oder Betonrohre gegossen. Ein geeigneter Durchmesser bei kleinen Häusern ist 15 cm, bei größeren 20 cm.

Das Loch für den Pfahl wird bis zum festen Untergrund gegraben. Benutzen Sie dazu einen schmalen Spaten, und, wenn es der Boden zuläßt, eine kleine Kelle oder eine Blechdose. Es ist nicht nötig, allzu weite Löcher zu graben. In jedes Loch wird eine 15–20 cm dicke Grundplatte aus Beton gegossen. Drücken Sie in die Mitte der Grundplatte senkrecht ein kräftiges Baueisen ein. Wenn der Beton ausreichend ausgehärtet ist, wird die Gußform auf die Bodenplatte gestellt, wobei sich das Baueisen in der Mitte der Gußform befinden sollte. Die Gußformen, beispielsweise Papprröhren, werden zuerst auf die richtige Höhe geschnitten, so daß sie die waagerechten Schnüre zur Ausrichtung des Fundamentes berühren. Das Baueisen kann 15 cm nach oben überstehen. Um die Gußform zu stabilisieren und sie am Platz zu halten, wird rundherum Erde aufgefüllt. Füllen Sie den Beton vorsichtig in die Formen, damit sie nicht verschoben werden, und verdichten Sie ihn mit einem Stück Holz, indem Sie vorsichtig damit in der Form stampfen.

Nach einigen Tagen, wenn der Beton ausreichend ausgehärtet ist, werden die Formen abgenommen und die restliche Erde aufgefüllt. Die sichtbaren Betonoberflächen härten am besten aus, wenn man sie etwa eine Woche lang wässert.

Eine häufige Frage ist, ob das Pfahlfundament verkleidet oder offen sein soll. Ich selbst habe einige Sommerhäuser auf relativ feuchten Böden und mit einem 30 cm hohen Pfahlfundament gebaut, das ich völlig offengelassen habe. Der Vorteil ist dabei, daß der Freiraum unter dem Haus optimal belüftet wird. Der Nachteil ist, daß sich unter dem Haus Maulwürfe, Mäuse und anderes Getier ansiedeln können. Das Ganze hängt davon ab, wie hoch der Freiraum unter dem Haus ist und wie sorgfältig die Arbeit ausgeführt wurde.

Fundamentpfähle für kleine Häuser, Terrassen, Veranden und andere Anbauten können beispielsweise in Formen aus Papprohr gegossen werden.

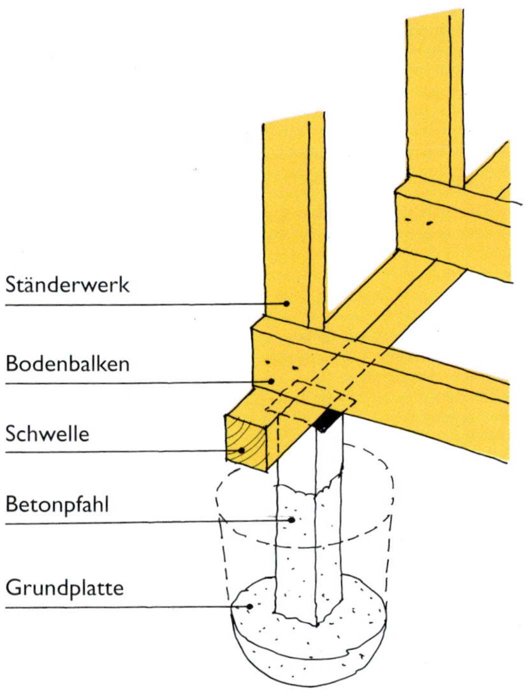

Auf den Betonpfählen ruht die Schwelle, ein kräftiger Holzbalken, der die Befestigungsunterlage für das Fachwerk und die Bodenbalken bildet.

Liegen die Bodenbalken sehr nah über dem Boden, fühlen sich die Maulwürfe darunter wohl. Um größere Tiere daran zu hindern, sich in dem Freiraum unter dem Haus einzunisten, kann man verzinkten Hühnerdraht auf der Innenseite der Pfähle anbringen. Bei einem Haus, das auch während des Winters genutzt wird, empfiehlt es sich, das Fundament zu verkleiden, um eine bessere Isolierung des Hauses zu erreichen.

Ein Pfahlfundament kann mit unbehandeltem Naturstein, Platten oder waagerechten Brettern verkleidet werden. Es sollten druckimprägnierte Bretter der skandinavischen Holzschutzklasse AB sein. Es ist dann allerdings sehr wichtig, daß man rundherum ausreichend Ventilationsöffnungen anbringt, um für eine ausreichende Belüftung zu sorgen. Wird der Raum zwischen den Pfeilern mit Natursteinen aufgefüllt, können sie einfach lose aufgestapelt oder mit Mörtel verfugt werden.

Schwelle

Die Schwelle besteht aus kräftigen Holzbalken, die auf den Betonpfählen ruhen und die Befestigungsunterlage für die Bodenbalken und das Fachwerk der Wände bilden.

Der Abstand zwischen den Betonpfählen sollte etwa 2 m betragen. Abhängig von der Stärke bzw. der Tragfähigkeit der Schwelle und der Größe des Hauses kann dieser Abstand vergrößert bzw. verkleinert werden. Benutzen Sie eine Schwelle aus gesägtem Holz der Abmessungen 100 × 100 – 125, können Sie die überstehenden Baueisen zur Befestigung auf den Pfählen verwenden. Dazu werden entsprechende Löcher durch die Schwelle gebohrt. Dann werden die Baueisen mit einem Hammer gestaucht.

Alternativ können Ankerplatten (Schwellenanker) aus Flacheisen oben im Betonpfahl eingegossen werden. In diesem Fall kann die Schwelle beispielsweise 50 – 75 × 150 – 200 mm stark und aus ungehobeltem Holz sein. Sie wird hochkant mit Sechskantschrauben mit Holzgewinde an der Ankerplatte befestigt. Verwenden Sie diese Befestigungsmethode auch, wenn das Ständerwerk direkt auf den Pfeilern ruht und der Boden mit Kies bedeckt ist, wie beispielsweise bei dem Geräteschuppen auf Seite 37.

Vergessen Sie nicht, die Unterseite der Schwelle vom Beton mit einem Streifen Dachpappe zu isolieren, um zu verhindern, daß Feuchtigkeit vom Beton in das Holz zieht.

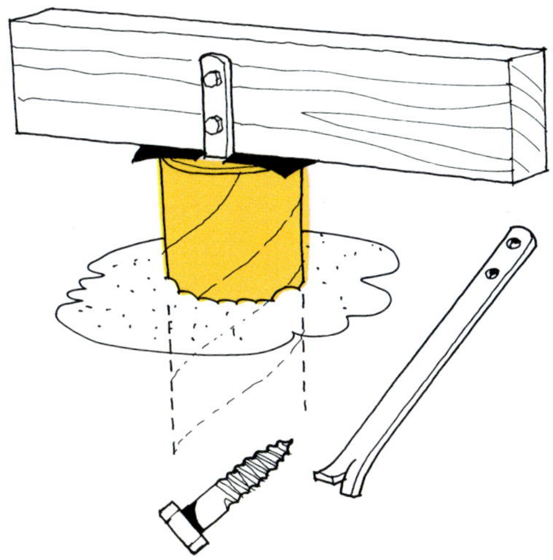

Die Schwelle wird auf den Pfählen mit eingegossenen Ankerplatten und Sechskantschrauben mit Holzgewinde befestigt.

Grundmauer und Bodenplatte

Auch wenn es meistens einfacher ist, bei kleineren Häusern mit Pfahlfundamenten zu arbeiten, wollen wir hier kurz einige andere Fundamente beschreiben.

Ein Kriechkeller mit Grundmauer entspricht ungefähr einem rundherum verkleideten Pfahlfundament. Nachdem der Grundriß mit gekreuzten Schnüren markiert wurde, wird der gesamte Mutterboden abgetragen. Heben Sie an der Außenkante einen Graben aus, der bis auf den festen Untergrund reicht. Hierauf wird ein Sockel oder eine Grundplatte aus Beton gegossen. Manchmal müssen Sie hierzu eine Verschalung anbringen, falls der Boden rundherum nicht fest genug ist. Der Untergrund und die Grundplatte müssen beide waagerecht sein. Der Beton wird durch längslaufende Moniereisen verstärkt. Auf dem Sockel wird eine Grundmauer aus Hohlblocksteinen errichtet, die die Unterlage für die Schwelle in den Abmessungen 45 × 95 mm bildet. Unter die Holzschwelle, die später verschraubt wird, legen Sie eine Isolierschicht aus Dachpappe, die verhindert, daß Feuchtigkeit von der Grundmauer in das Holz zieht. Damit wird die Fäulnisbildung verhindert. Ist der Boden feucht, muß ein Drainagerohr in eine Schicht aus Kies oder Schotter unter dem Niveau der Grundmauer gelegt werden.

Die Drainage muß tiefer als das Fundament liegen. Es ist ebenfalls sehr wichtig, daß die Mauer mit einer größeren Anzahl von Belüftungsöffnungen versehen wird, da die Verdunstungsfeuchtigkeit aus dem Boden in einem Kriechkeller sehr hoch sein kann.
Planieren Sie den Boden des Kriechkellers mit gewaschenem Kies oder Schotter. Es darf kein Wasser hineinlaufen oder sich dort ansammeln können. Achten Sie darauf, daß keine Sägespäne oder Bauabfälle innerhalb der Grundmauern liegen bleiben, da sie später Schimmel, Fäulnis oder üblen Geruch verursachen können. Um die Luftfeuchtigkeit dort zu vermindern, kann man auch eine Kunststoffolie über den Kies oder Schotter auslegen. Lassen Sie jedoch am Rand einen 10 cm breiten Spalt, so daß dort eventuelles Kondenswasser versickern kann. Aus der Bezeichnung „Kriechkeller" geht bereits hervor, daß dieser zwischen 500–600 mm Höhe bis zur Bodenbalkenlage haben sollte.
Soll eine geschlossene Bodenplatte aus Beton gegossen werden, müssen Sie zunächst den gesamten Mutterboden abtragen. Wollen Sie ein kleineres Haus bauen, kann die Bodenplatte in der Mitte 80 – 100 mm dick sein. An den Außenkanten wird eine Verstärkung von etwa 200 – 250 mm angelegt. Schalen Sie die Außenkanten der Bodenplatte so ein, daß die Oberkante völlig waagerecht ist. Die Schalung wird aus Platten, Rauhspund oder Isolierplatten für Fundamente angefertigt. Die Mitte und die Außenkanten werden eventuell mit einer Tragschicht aus feinem Kies aufgefüllt, und darauf kommt eine Drainageschicht aus Kies oder Schotter. Anschließend wird gründlich mit einer Rüttelplatte verdichtet. Damit der Beton nicht im Schotter versickert, legen Sie eine Schicht Textilbahn auf den Schotter. Die Betonplatte wird mit Baustahlgitter verstärkt und zusätzlich in den Außensockel längslaufende Baueisen eingebracht. Eine Betonplatte kann von unten durch Bodenisolierungsplatten wärmeisoliert werden. Wenn der Beton geliefert wird, lassen Sie das Mischfahrzeug seine Ladung direkt in die Verschalung entleeren. Die Betonoberfläche wird sauber über den Oberkanten der Schalung abgezogen, so daß die Oberfläche völlig eben und waagerecht wird. Drücken Sie Bolzen für die Befestigung der Schwelle an der Außenkante ein, bevor der Beton aushärtet.
Auf der fertigen Betonplatte wird außen die 45 × 95 mm starke Schwelle befestigt. Die Schwelle bildet die Basis für Wände in Fachwerkkonstruktion. Gegen Feuchtigkeit wird mit Asphaltpappe isoliert.
Mit einer Lage Hohlblocksteine auf der Außenkante der Platte erhält man eine höhere Grundmauer. Diese Methode, die die Wandpaneele vor Bodenfeuchtigkeit schützt, ist in der Baubeschreibung der Garage auf Seite 76 erklärt.

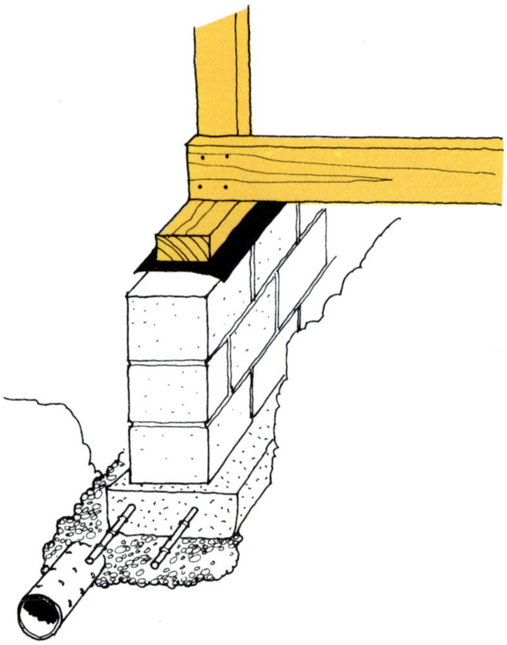

So wird eine Grundmauer mit Kriechkeller gebaut: Entfernen Sie den gesamten Mutterboden. Rundherum wird ein Graben ausgehoben und dessen Boden mit verdichtetem Schotter aufgefüllt. Dann gießt man einen planen Sockel oder eine Grundplatte aus Beton. Errichten Sie darauf eine Grundmauer aus Hohlblocksteinen. Danach wird der Boden innerhalb der Grundmauern mit gewaschenem Kies planiert.

Achten Sie darauf, daß keine Sägespäne und Holzabfälle in den Kriechkeller gelangen. Sonst bildet sich Schimmel und später übler Geruch. Damit die Belüftung des Kriechkellers gewährleistet ist, muß eine ausreichende Anzahl von Belüftungsöffnungen in der Grundmauer sein. Außen unterhalb der Grundplatte wird eine Drainageleitung eingebracht, die Grundwasser ableitet. Die Drainageleitung muß tiefer als die Unterkante der Grundplatte liegen.

Für ein kleines Haus ist ein Pfahlfundament leichter herzustellen. Weil es offen ist, gewährleistet dies eine bessere Belüftung zwischen Bodenoberfläche und dem Fußboden des Hauses.

Balkenlage für den Fußboden

Verwenden Sie eine Schwelle von 100 × 100 – 125 mm, bildet sie gleichzeitig auch die Auflage für die Balkenlage des Fußbodens und das stehende Fachwerk des Hauses. Vermessen und markieren Sie die Lage der Fußbodenbalken auf der Schwelle. Sie sollte bei kleineren Gebäuden eine Abmessung von 45 × 120 – 170 mm haben. Ist das Haus breiter als 3,60 m, müssen diese Balken in der Mitte mit einem Tragbalken (Unterzug) gestützt werden. Dazu wird eine weitere Schwelle in der Mitte des Hauses in Längsrichtung gebaut. Diese Schwelle muß ebenfalls auf gegossenen Betonpfählen ruhen.

Die Balken des Fußbodens sollten einen Mittenabstand von etwa 600 mm zueinander haben. Zur Befestigung nehmen Sie feuerverzinkte Schraubnägel mit flachem Kopf. Vernageln Sie die Balken schräg von oben. Nehmen Sie Nägel der Größe 100 × 34 oder 125 × 40.

Wenn die Balkenlage des Fußbodens wärmeisoliert werden soll, wird eine sogenannte Auflage für einen Blindboden und die Isolierung aufgebracht. Unter die Bodenbalken werden Bretter in den Abmessungen 22 × 95 mm angenagelt. Die an den Seiten überstehenden Kanten bilden die Auflage für den Blindboden, der aus festem Plattenmaterial, Brettern oder spezieller Pappe zur Windabdichtung bestehen kann. Alternativ können Leisten in den Abmessungen 25 × 50 mm auf den Seiten der Bodenbalken aufgenagelt werden, die ebenfalls eine Auflage für den Blindboden bilden. Bei der letzten Variante können Sie eine dünnere Isolierung nehmen, so etwa für ein Sommerhaus.

Ständerwerk und Fassade

Die Außenwände eines kleinen Gebäudes können in ihrer einfachsten Form mit Ständern in den Abmessungen 45 × 70–95 mm errichtet werden. Die Ständer werden zwischen der Schwelle und dem oben umlaufenden Ringbalken vernagelt. Der Mittenabstand beträgt dabei 600 mm. Die waagerechten Riegel werden zwischen den Ständern befestigt. Nageln Sie eine senkrechte Stülpschalung oder eine Schalung mit Deckleisten

Querschnitt durch ein kleines Haus in Fachwerkkonstruktion mit Satteldach und Dachstuhl.

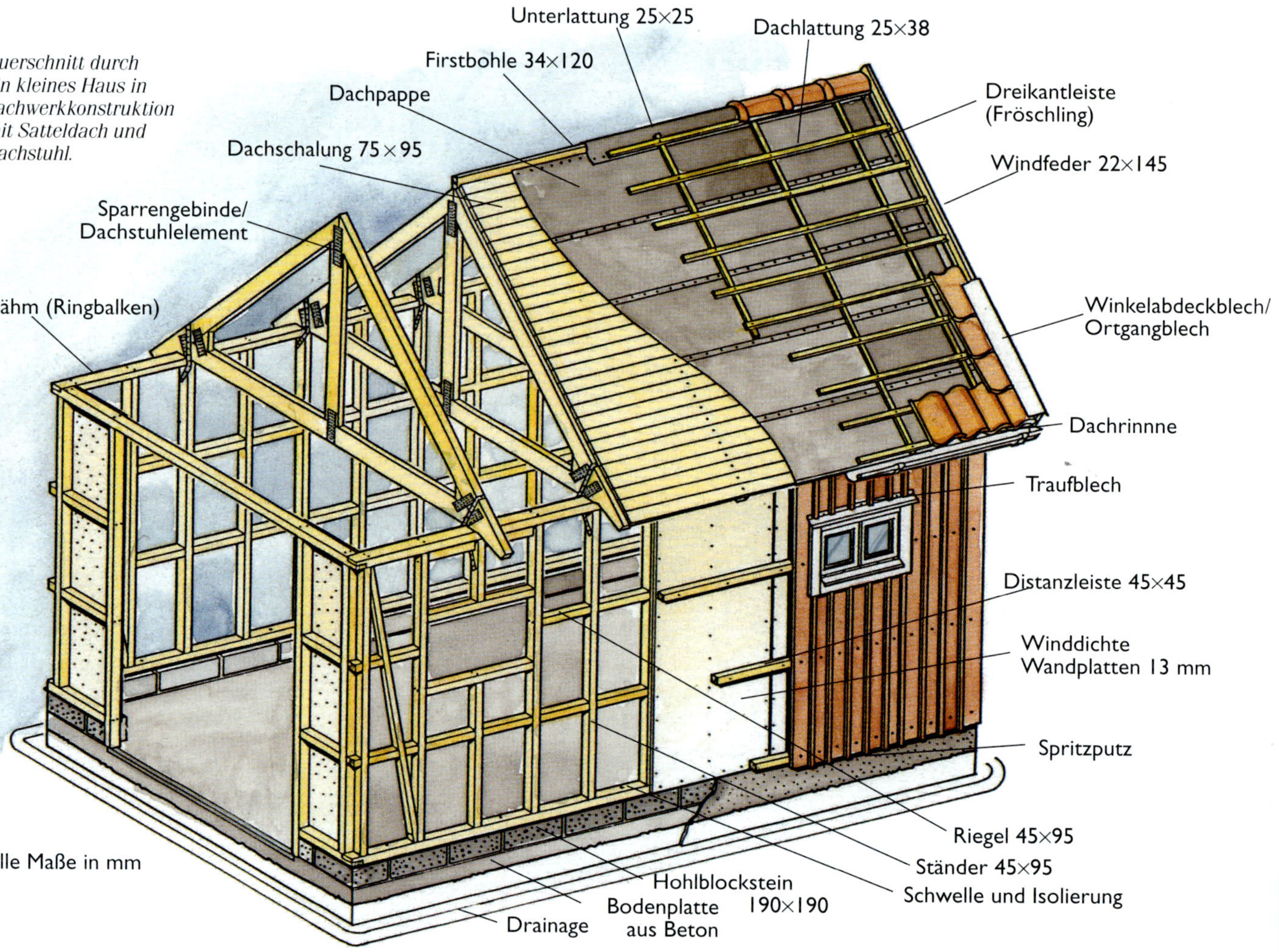

Alle Maße in mm

darauf. Werden außen waagerechte Paneele angebracht, benötigt man keine Riegel.
Der Ringbalken ist das Gegenstück zur Schwelle und ruht auf dem Ständerwerk. Wenn es sich um ein Satteldach handelt, werden die Sparrengebinde auf dem Ringbalken befestigt. Aber auch die Dachbalkenlage eines Pultdaches ruht auf dem Ringbalken.
Es gibt verschiedene Konstruktionsprinzipien für Holzfachwerk. Unter Umständen können Sie auf Schwelle und Eckpfosten verzichten. Statt Eckpfosten können auch zwei senkrechte Ständer in den Ecken Kante an Kante gesetzt werden. Die beiden Ständer lassen sich durch Holzklötze oder Winkeleisen miteinander verbinden. Dieser doppelte Eckpfosten gibt der Ecke ausgezeichnete Stabilität. Zur Versteifung bringt man Diagonalstreben an den Eckpfosten an. Hieran können Sie dann die Innenwandverkleidung anbringen.
Beginnen Sie mit den Eckpfosten und richten diese mit einer langen Wasserwaage genau senkrecht aus. Stützen Sie die Eckpfosten provisorisch von außen mit langen Leisten ab. Danach markieren Sie die Befestigungspunkte für die weiteren senkrechten Ständer auf der Schwelle. Wenn möglich, befestigen Sie die Ständer neben einem Fußbodenbalken, so daß Sie eine gute Position für die Nagelverbindung haben. Der Mittenabstand zwischen den Ständern beträgt im allgemeinen 600 mm, bei einer Breite der Verkleidungsplatten von 1200 mm sowie der Isolierung von 60 mm. Neuerdings sind Wandplatten mit einer Breite von 900 mm üblich. Sie sollen das Hantieren erleichtern, da die 1200 mm breiten Platten aufgrund ihrer Größe und des Gewichtes vielfach gesundheitliche Schäden beim Hausbau verursacht haben. Verwenden Sie die 900 mm breiten Wandplatten, wird der Mittenabstand zwischen den Ständern 450 mm betragen. Auch die Isolierung muß in diesem Fall an das schmalere Maß angepaßt werden. Die Fenster- und Türöffnungen müssen ebenfalls angepaßt werden.
Richten Sie den mittleren Ständer auf der Längsseite senkrecht aus. Am einfachsten ist es, mit einer Baukreissäge Ständer von gleicher Länge zu schneiden, wenn Sie dabei einen seitlichen Längenanschlag verwenden. Das geht sehr schnell, und der Kappschnitt wird rechtwinklig. Eine Baukreissäge kann man sich mieten.
Nageln Sie nun den waagerechten Ringbalken oben auf. Jetzt können die übrigen senkrechten Ständer zwischen Schwelle und Ringbalken plaziert werden. Von oben vernageln Sie durch den Ringbalken, unten wird schräg in die Schwelle genagelt. Kontrollieren Sie mit einer langen Wasserwaage die genaue senkrechte Ausrichtung der Ständer.
Anstelle der Riegel zwischen den senkrechten Ständern können auch waagerechte Kanthölzer außen auf der Ständerwand angebracht werden. Sie bieten eine Befestigungsmöglichkeit für senkrechte Wandpaneele. Bei einer Abmessung der waagerechten Kanthölzer von 45×45 mm beträgt die Stärke der Isolierung in diesem Fall $45 + 95$ mm. Eine solche Konstruktion wird „doppeltes Fachwerk" genannt. Werden alle Stöße überlappt ausgeführt, ist die Wand besonders gut isoliert. Durch diese Methode wird die Gefahr von Kältebrücken im Ständerwerk vermindert. Außen wird über der Isolierung eine winddichtende Schicht Isolierungsplatten oder Isolierpappe angebracht.
Auf der Außenseite der winddichtenden Platten nagelt man waagerechte Distanzleisten auf. Vernageln Sie darauf die senkrechten Außenpaneele. So bildet sich ein Hohlraum hinter der Außenverschalung, wodurch die Fassade auf der Rückseite belüftet wird. Die Außenfassade bleibt trocken, arbeitet minimal, und der Außenanstrich hält länger, ohne abzublättern. Die Feuchtigkeit in den Fassadenpaneelen verdunstet auf diese Weise nach hinten.
Versuchen Sie, das Fachwerk so schnell wie möglich unter Dach zu bekommen, damit das Ständerwerk bei Regenwetter nicht unnötiger Nässe ausgesetzt wird.

Fenster und Türen

Wenn das Ständerwerk errichtet wird, müssen passende Aussparungen für Türen und Fenster gelassen werden. Um Türen und Fenster leicht einsetzen zu können, sollten Sie rundherum eine 10 bis 15 mm breite Fuge lassen. Daraus ergibt sich, daß die Öffnung in der Wand 20 bis 30 mm größer als das Außenmaß des Fenster- oder Türfutters sein muß. Man richtet das Fenster am besten mit doppelten Keilen oder speziellen Futterschrauben aus. Soll das Haus isoliert werden, wird die Fuge mit Dichtungen ausgefüllt.
Sowohl bei Türen als auch bei Fenstern werden unter Türschwelle bzw. Futter zwei dünne Klötzchen gelegt. Kontrollieren Sie mit der Wasserwaage, ob das Futter waagerecht sitzt. Danach

Der Fensterrahmen wird im Fachwerk mit Doppelkeilen in den Ecken oder durch einstellbare Futterschrauben befestigt.

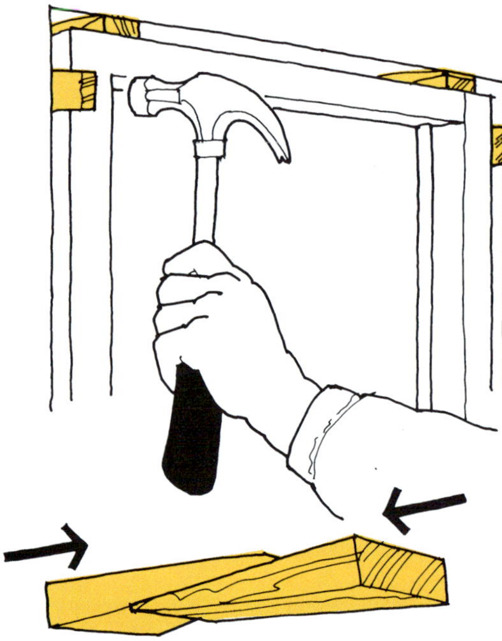

wird es mit doppelten Keilen fixiert, zwei Keilpaare in jeder Ecke.
Durch mehr oder minder starkes Einschlagen kann man das Fensterfutter so ausrichten, daß es genau rechtwinklig sitzt. Die Fensterflügel und die Türen passen später dann exakt hinein. Fensterfutter bis zu einer Höhe von 1300 mm werden im Ständerwerk mit zwei Nägeln oder Holzschrauben auf jeder Seite befestigt. Fensterfutter über 1300 mm Höhe befestigt man an drei, Türfutter an vier Stellen. Legen Sie passende Holzklötze zwischen Futter und Fachwerk, damit der Nagel oder die Schraube beim Befestigen den Rahmen nicht verzieht. Man kann auch spezielle einstellbare Futterschrauben benutzen.
Drücken Sie danach einen Schaumstoffstreifen in die Fuge zwischen Futter und Fachwerk, ohne es zu stark einzudrücken. Ist das Gebäude nicht isoliert, wird diese Arbeit überflüssig.

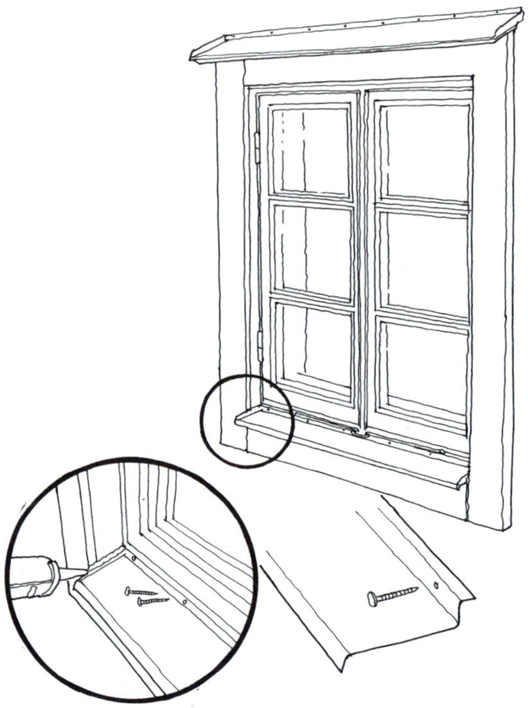

Die Fuge zwischen Futter und Fachwerk wird mit Schaumstoffstreifen isoliert und innen und außen mit Futterleisten verkleidet. Oben und unten montiert man Blechbeschläge, sogenannte Traufbleche, die das Wasser ableiten.

Außen und innen deckt man die Fugen mit Futterleisten ab. Das Kopfholz der außen liegenden Futterleisten sollte verdeckt sein, damit es vor Regen und Feuchtigkeit geschützt ist. Manchmal müssen zusätzliche Riegel ober- und unterhalb des Fensterfutters eingesetzt werden, so daß Sie dort die Außenverschalung anbringen können.

Blechbeschläge – sogenannte Traufbleche – über und unter dem Fenster sind wichtige Details. Sie schützen das empfindliche Holz und innenliegendes Fachwerk. Sie können fix und fertig bei einem Klempner bestellt oder in einem Baumarkt gekauft werden. Im letzteren Fall wird das Blech auf die richtige Länge geschnitten. Mit einer Blechschere macht man dann Ausschnitte, um die Endseiten umbiegen zu können. An der Unterseite des Fensterfutters gibt es normalerweise eine Nut, in die das Blech mit Dichtmasse eingesetzt wird. Kennzeichnen Sie die Löcher mit einem Pfriem und befestigen die Traufbleche mit flachköpfigen Kammnägeln

An der Oberkante des Fensters wird eine breite Nut waagerecht mit dem Stemmeisen in die Wandpaneele gezogen. Darin wird das obere Traufblech befestigt. Wenn das Haus niedrig ist und die Dachtraufe gut schützt, kann dieses Blech an den Längsseiten des Hauses auch weggelassen werden.

Wählen Sie industrielackierte Traufbleche aus rostgeschütztem oder feuerverzinktem Stahlblech. Die erstgenannten gibt es in Weiß, Schwarz und anderen Farben, die letzteren in Grau. Dies gilt auch für andere Bauteile aus Blech, wie beispielsweise Ortgangbleche, Fallrohre, Dachrinnen und Blechbeschläge für den Schornstein. Haben Sie rote Dachpfannen gekauft, passen dazu auch rotlackierte Bleche.

Dachkonstruktion

Für kleine Häuser eignen sich im Prinzip zwei Dachkonstruktionen: Satteldach und Pultdach. Das Satteldach ist das traditionelle spitze Dach mit First und Giebeln. Normalerweise haben diese Dächer eine Neigung zwischen 18 und 30 Grad. Der Charakter eines Hauses wird wesentlich durch die Dachneigung bestimmt. Wählen Sie daher eine Dachneigung, die Ihnen gefällt, die sich gut eignet und zur Bebauung der Umgebung paßt. Eine geeignete Dachneigung ist die jedem Regen oder Schnee widersteht. Natürlich spielt auch das Material der Dacheindeckung eine große Rolle. Dachpfannen eignen sich bei Dachneigungen unter 18 Grad nicht so sehr.

Das Pultdach wird auch Schrägdach genannt. Bei Häusern, die nicht breiter als 3 – 3,5 m sind, stellt es eine gute Lösung dar. Es ist nun einmal viel einfacher, Dachbalken zu montieren, die alle in eine Richtung geneigt sind, als einen kompletten Dachstuhl zu bauen. Von der Ästhetik her gesehen können ein Schuppen oder eine Garage ein Pultdach bekommen, wenn sie an andere Gebäude angebaut werden.

Die Sparrengebinde oder Dachbalken werden auf dem Ringbalken mit einem Mittenabstand von 1 – 1,20 m montiert. Am besten werden sie mittig über einem Ständer angebracht. Das gibt zusätzliche Stabilität. Sie werden mit Nägeln schräg vernagelt und auf dem Ringbalken mit passend gebogenem Locheisenband befestigt. Auch für diesen Zweck gibt es besondere Winkelbeschläge. Zuerst müssen Sie die Sparrengebinde der Außengiebel bündig mit der Außenwand montieren, so daß die Paneele für den Giebel gut mit Nägeln befestigt werden können. Das Dach erhält auf den Sparrengebinden eine Dachschalung aus Rauhspundbrettern in den Maßen 17–23 × 95 mm. Normalerweise reicht eine Stärke von 17 mm aus. Ist der Abstand zwischen den Sparrengebinden groß, nimmt man besser 23 mm starken Rauhspund. Die ungehobelte Oberfläche des Rauhspunds wird nach oben gelegt. Wählen Sie feuerverzinkte Nägel, 75 × 28. Nageln Sie die Bretter genau in der Mitte des Dachstuhlgebindes fest. Normalerweise werden die Rauhspundbretter über der Mitte der Sparrengebinde aneinandergestoßen. Es gibt aber auch Dachschalungen, bei denen auch das Kopfholz mit Nut und Feder versehen ist. Wenn Sie solche Bretter verwenden, brauchen Sie nur jeden zweiten Stoß über dem Sparrengebinde zu machen.

Beginnen Sie damit, die Dachschalung von der Traufe zum First hin anzubringen. Die herausstehende Feder wird nach oben gewendet und die Nut nach unten. Entfernen Sie die unterste Nut mit dem Hobel. Danach werden zur sicheren Montage der Dachschalung einige Kanthölzer waagerecht darauf genagelt. So erhält man geeignete Fußstützen. Lassen Sie die Dachverschalung über die Giebel hinausragen und versäubern Sie sie, wenn das gesamte Dach fertig ist. Markieren Sie die richtige Länge und sägen mit dem Fuchsschwanz das Überstehende fort. Das geht auch mit einer Handkreissäge entlang einer aufgenagelten Leiste. Handelt es sich um ein Dach, das mit Pfannen eingedeckt werden soll, müssen Sie zunächst die richtige Dachbreite berechnen, damit Sie an den Seiten keine Pfannen zuschneiden brauchen.

An der Außenseite des Daches am Giebel wird eine Dreikantleiste 45 × 70 mm aufgenagelt. Dies gibt den Halt für die Windfeder. Damit das Wasser von den Windfedern abläuft, wird die Dachpappe hochgebogen und auf dieser Dreikantleiste festgenagelt.

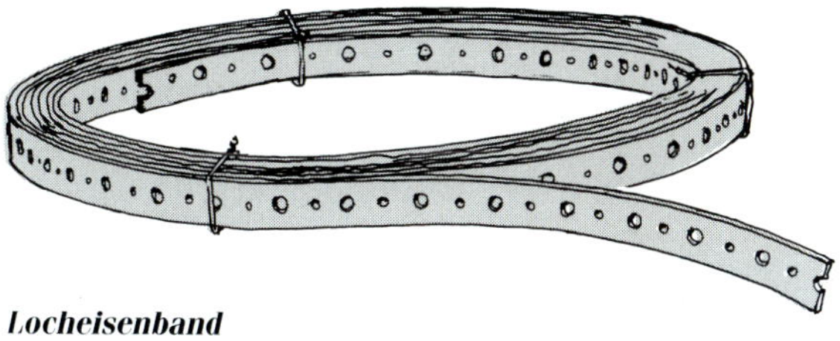

Locheisenband
Locheisenband gibt es in Stärken von 1 – 2 mm und Breiten von 20 – 60 mm. Es ist sehr nützlich zur Befestigung von Sparrengebinden auf dem Ständerwerk des Hauses. Es kann auch als Eisenband für die Diagonalverstrebungen auf Zug im Ständerwerk befestigt werden.

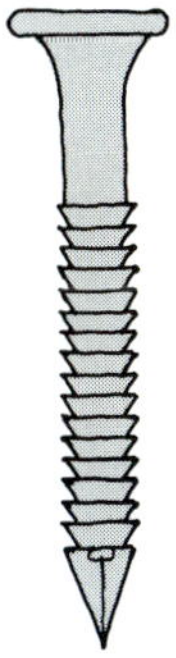

Kammnägel
Sehr kräftiger feuerverzinkter Stahlnagel. Der Kopf ist flach, und der Schaft ist mit einer Riffelung versehen, die wie Widerhaken wirkt, wodurch der Nagel im Holz sehr guten Halt findet. Solche Nägel sind an die jeweiligen Baubeschläge wie Ankerplatten, Gabelanker und Locheisenband angepaßt.

Ankerplatten und Gabelanker
Hier ruht der Sparrenverbinder auf dem Ringbalken und genau über einem senkrechten Ständer. Der sogenannte Gabelanker ist ein Spezialbeschlag zur Befestigung von Sparrengebinden auf dem Ständerwerk des Hauses. Ein Stück Locheisenband kann ebenfalls dafür benutzt werden. Es wird um den Dachbalken gebogen und am Ringbalken festgenagelt. Ankerplatten dienen als Verbindungsbeschlag beispielsweise beim Bau von Sparrengebinden.

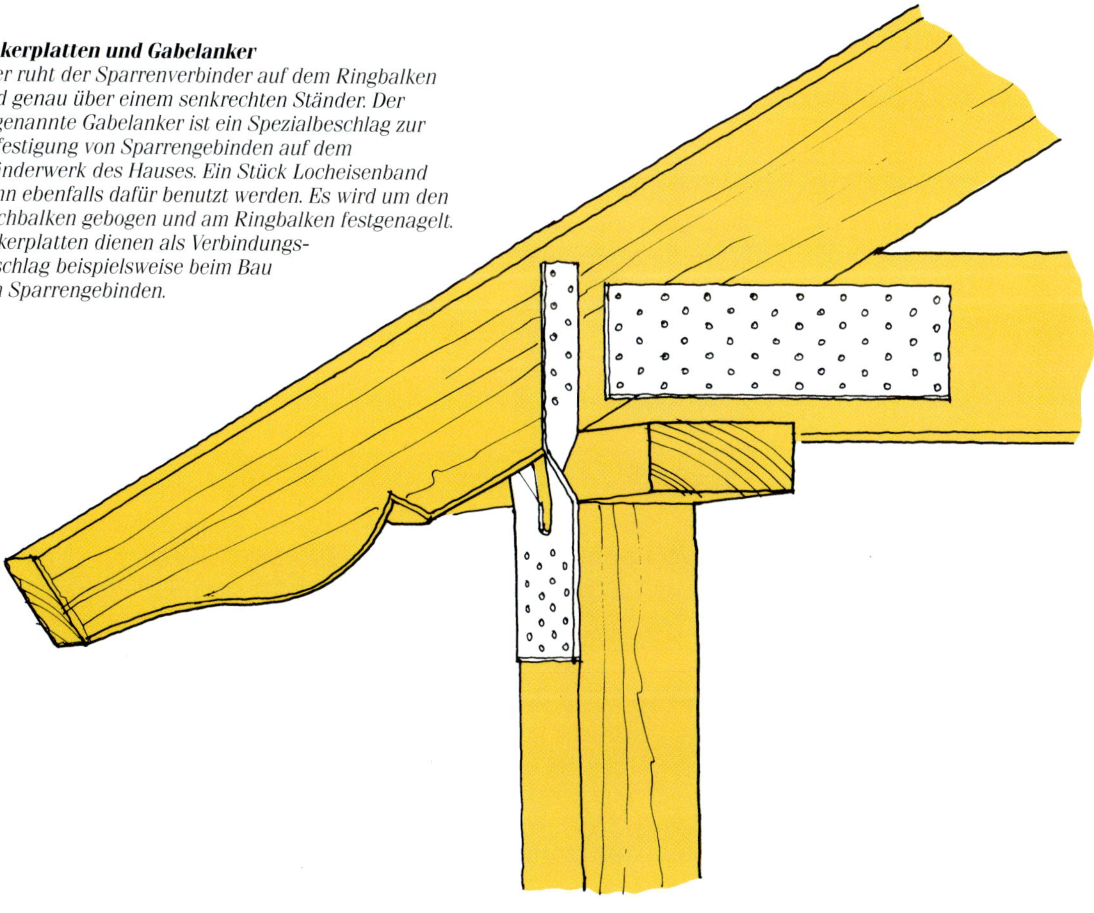

Pfannendach

Die Unterschalung aus Rauhspundpaneelen muß oft Feuchtigkeit aushalten, beispielsweise wenn durch den Wind Regenwasser zwischen die Dachpfannen geweht wird oder wenn sich Kondenswasser bildet. Damit die Unterschalung nicht angegriffen wird, müssen Sie zunächst Dachpappe vernageln. Verwenden Sie hierfür sogenannte Unterpappe, die mindestens der Qualität YAM 2000 entsprechen sollte. Es handelt sich dabei um einen beschichteten, imprägnierten Mineralfaserfilz. Die Bahnen werden von oben nach unten waagerecht ausgerollt und mit flachköpfigen, feuerverzinkten Pappnägeln befestigt. Die Stöße sollten sich um etwa 80 mm überlappen. Befestigen Sie einige waagerechte Kanthölzer auf dem Dach, damit Sie nicht abrutschen. Benutzen Sie rutschfeste Schuhe!

Am besten montiert man ein Traufblech an der Traufe. Dies kann mit dem entsprechenden Falz

Ein Pfannendach besteht aus der Unterschalung, die mit Dachpappe verkleidet wird. Die Dachpfannen liegen auf einem System von Unter- und Dachlattung. Ganz oben ist die Firstbohle, auf der die Firstpfannen ruhen. Handelt es sich um ein größeres Haus mit wärmeisoliertem Schrägdach, muß eine Ventilationsöffnung zwischen der Dachtraufe und dem First angelegt werden, um Probleme mit Kondenswasser zu vermeiden.

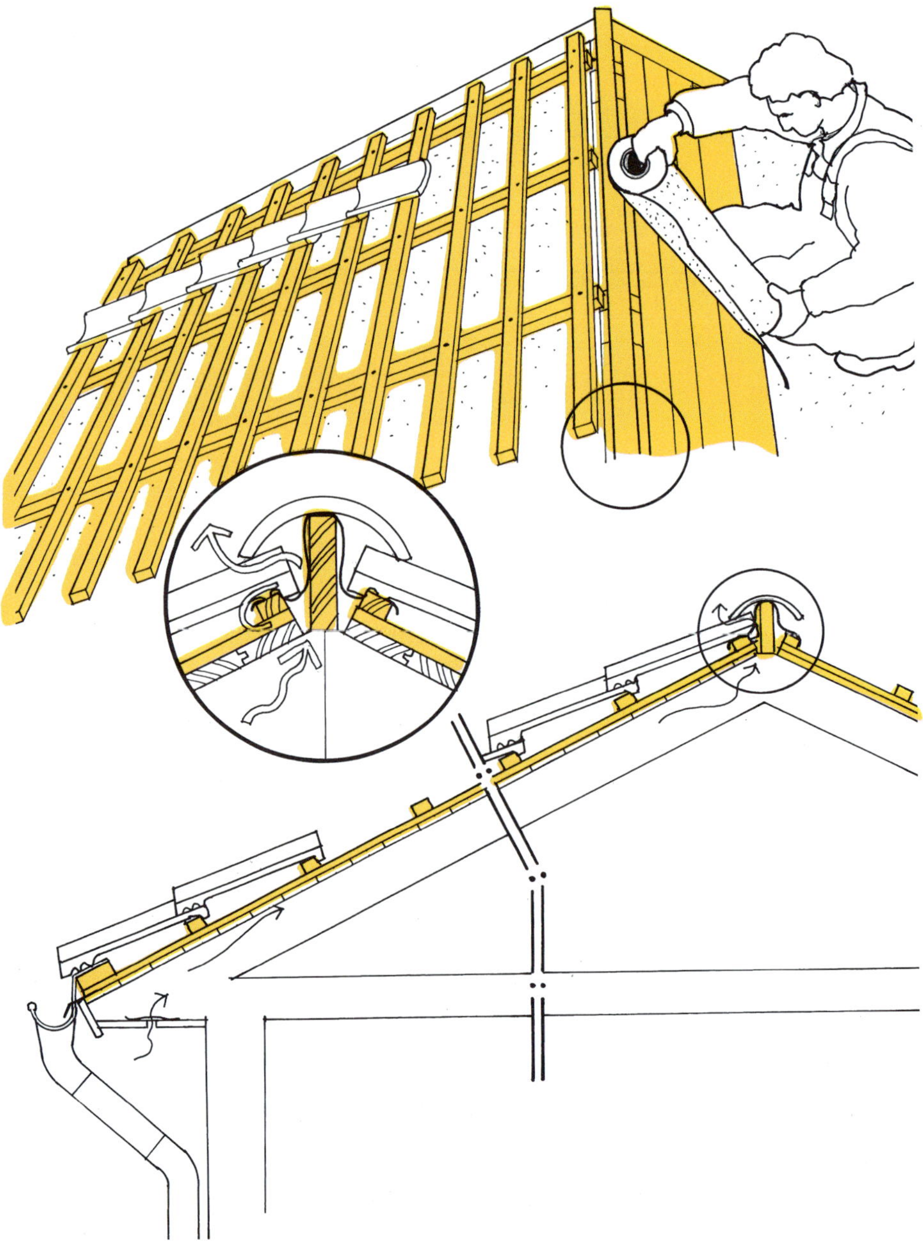

beim Dachdecker bestellt werden. Das Traufblech wird an der Unterkante der Rauhspundschalung festgenagelt. Auf diesem Blech wird die unterste Dachpappenbahn mit einer entsprechenden Überlappung mit Bitumenkleber verklebt.

Führen Sie die Arbeiten bei trockenem Wetter aus. Vermeiden Sie es, den Rauhspund direktem Regen auszusetzen. Schneiden Sie die Bahnen auf dem Boden auf die richtige Länge. Geben Sie etwas Verschnitt hinzu. Bei Dacharbeiten ist es immer bedeutend einfacher, wenn zwei Personen zusammenarbeiten.

Damit die Firstpfannen auf dem First eine stabile Befestigungsunterlage erhalten, wird eine Firstbohle in den Abmessungen von 34–45× 70–95 mm aufgenagelt. Bei der Vernagelung der Unterschalung ist es wichtig, oben eine passende Fuge zu lassen, damit die Firstbohle auf der oberen Spitze des Sparrengebindes angenagelt werden kann. Die Dachpappe wird an der Firstbohle hochgebogen und diese wiederum mit einer schmaleren Bahn abgedeckt.

Die Dachpfannen ruhen auf einem System von waagerechten Dachlatten, die auf einer senkrechten Unterlattung angebracht sind. Die Dachlatten können die Maße 25×38 – 50 mm und die Unterlatten die Maße 19×25 – 38 mm haben. Die Unterlattung hat die Funktion, die Dachlatten mit einem gewissen Abstand zur Dachpappe zu halten. So können eventuell auftretende Feuchtigkeit und Schmutz zur Traufe und in die Dachrinnen ablaufen.

Die Vorteile eines Pfannendaches sind, daß Sie die doppelte Sicherheit gegen Undichtigkeiten erhalten und außerdem ein belüfteter Zwischenraum unter den Pfannen vorhanden ist. Die Sonnenwärme trifft nicht direkt auf die Unterschalung.

Beginnen Sie damit, die senkrechte Unterlattung auf den Sparrengebinden zu vernageln. Danach nageln Sie immer genau in die Mitte eine weitere Leiste, so daß der Mittenabstand etwa 500 – 600 mm beträgt.

Zuerst wird die untere Dachlatte an der Traufe waagerecht befestigt. Da die Dachpfannen sich hier nicht gegenseitig überlappen, muß diese Leiste stärker sein. Manchmal wird sie hochkant gestellt und manchmal auch gedoppelt. Die zweite Dachlatte wird mit Hilfe einer Dachpfanne so eingepaßt, daß das Wasser gut außerhalb der Traufe ablaufen kann. Soll das Haus mit Dachrinnen versehen werden, können diese jetzt montiert werden.

Haben Sie den Abstand zwischen den waagerechten Dachlatten berechnet, können Sie eine kleine Lehre aus Holz anfertigen. Die beiden Aussparungen der Lehre halten den richtigen Abstand, wenn die Dachlatten auf den Kreuzungspunkten mit der Unterlattung vernagelt werden.

Die Dachlatten werden dort festgenagelt, wo sie sich mit der Unterlattung kreuzen. Jede zweite Vernagelung liegt daher über einem Sparrengebinde.

Der nächste Arbeitsschritt ist die Befestigung der obersten Dachlatte an der Firstbohle, wo dann die oberste Pfannenreihe ihren Platz bekommt. Der Zwischenraum zwischen der Firstbohle und der Dachlatte beträgt hier ungefähr 20 mm. Die Firstpfannen müssen hier sehr gut abdecken, deshalb darf der Abstand nicht zu groß sein.

Messen Sie den Abstand von der Oberkante der obersten Dachlatte zur Oberkante der untersten Dachlatte. Ist die Arbeit von Ihnen präzise ausgeführt worden, liegen diese jetzt genau parallel. Das Baumaß für eine gewöhnliche Betonpfanne liegt zwischen 310 und 375 mm, abhängig von der Überlappung. Berechnen Sie den Dachlattenabstand, so daß Sie das benötigte Baumaß erhalten. Dieser Abstand, in dem nun alle übrigen Dachlatten vernagelt werden, kann jetzt auf der Unterlattung markiert werden. Eine andere Möglichkeit ist es, eine kleine Holzlehre mit zwei Einkerbungen zu benutzen, die den Abstand anzeigen. Die Lehre hält die Dachlatten im richtigen Abstand parallel zueinander, wenn sie vernagelt werden.

Eindecken eines Pfannendachs

Tragen Sie die Dachpfannen auf das Dach und verteilen diese in Stapeln. Wenn Sie mit dem Eindecken von rechts beginnen, lassen Sie ganz rechts etwa 1,50 m Freiraum.

Beginnen Sie mit der untersten Reihe. Achten Sie darauf, daß die Übergänge dicht liegen und der Anschluß zur Windfeder ordentlich ausgeführt wird. Die meisten Dachpfannen haben an der Seite eine Nut, wodurch sie seitlich nicht viel verrücken können. Danach legen Sie an der rechten oder linken Seite eine senkrechte Reihe nach oben. Mit welcher Seite Sie beginnen, hängt davon ab, wo sich die Nut befindet. Normalerweise wird von rechts nach links gelegt. Vom Boden aus kann man sehen, ob die Reihen gerade oder krumm verlaufen. Bei einem kleinen Dach ist es aber normalerweise kein Problem, die Pfannen gerade zu legen.

Windfedern

Die Windfedern bestehen normalerweise aus zwei Brettern, die aufeinander genagelt wurden. Bei der Montage ist es von Vorteil, wenn man zu zweit arbeitet. Beginnen Sie mit den unteren Brettern und nageln diese gegen die Dreikantleiste oder gegen die Enden der Dachlatten. Mit einem Kantholz an der Unterseite der Unterschalung wird die Konstruktion stabiler. Bei einem Haus mit Satteldach werden die Windfedern in der Giebelspitze mit einer sauberen Fuge aneinandergestoßen. Nageln Sie das erste Brett fest und markieren die Senkrechte mit Hilfe einer Wasserwaage. Sägen Sie an Ort und Stelle. Das Anschlußbrett der anderen Seite wird genau ausgerichtet und der zweite Sägeschnitt markiert.

Das aufliegende Windfederbrett wird so angebracht, daß das Winkelabdeckblech/Ortgangblech später die Fuge zwischen Windfeder und Pfannen ordentlich abdeckt.

Dach aus Asphaltpappe

Anstelle von Dachpfannen kann das Dach auch mit Dachpappe als Schutzbelag gedeckt werden. Es gibt Dachpappe mit verschiedenen Oberflächen, beispielsweise aus gemahlenem Schiefer, der sehr gut gegen UV-Licht und mechanische Beanspruchung schützt. Diese Qualität ist dicker und widerstandsfähiger als eine normale Dachpappe, die als Unterdeckung für ein Pfannendach dienen kann.

Für einfache und nichtisolierte Schuppen sowie für kleine Häuser reicht unter Umständen auch eine einlagige Eindeckung mit Dachpappe aus, wenn die Dachneigung nicht zu gering ist. Die Dachpappe wird in waagerechten Bahnen auf die Rauhspundpaneele aufgebracht. Vernageln Sie an der Oberseite. Die Nagelreihe wird mit der Unterkante der nächsten Bahn verdeckt und diese mit einem kalten Bitumenkleber verbunden.

Bei einer doppellagigen Eindeckung wird erst eine Lage einfacher Dachpappe aufgebracht. Darauf legt man eine zweite Lage Dachpappe mit Schutzbelag. Die Stöße der beiden Lagen dürfen nicht aufeinanderliegen, deshalb werden sie versetzt. Fragen Sie in dem Warenhaus, in dem Sie Ihr Dachmaterial kaufen, um Rat. Außerdem liefern die meisten Hersteller Gebrauchsanweisungen mit.

Dachschindeln sind ein hervorragendes Material, mit dem sich sehr leicht arbeiten läßt. Es sind kleine Platten, die aus einer beschichteten Dachpappe bestehen. Sie werden überlappend gelegt, wodurch ein dekoratives Muster entsteht. Die Schindeln können mit Pappnägeln direkt auf das Rauhspunddach genagelt werden, wenn die Dachneigung größer als 18 Grad ist. Verklebte Auflageoberflächen tragen zu einer dichten und stabilen Dachoberfläche bei.

Blechdach

Ein Dach aus profiliertem, sogenanntem „Wellblech“ gilt als nicht besonders hübsch. Trotzdem kann es sehr praktisch sein, wenn man allein arbeitet. Außerdem gibt es Blecheindeckungen, die so geprägt sind, daß ihre Oberfläche Dachpfannen ähnelt.

Blech als Deckmaterial ist sozusagen eher praktisch als ästhetisch. Es ist nach den Anweisungen des Herstellers leicht auf mit zur Längsrichtung des Hauses laufenden Dachlatten zu verlegen. Handelt es sich um einen nichtisolierten Schuppen oder eine Garage, wird keine Unterschalung aus Rauhspund und Dachpappe benötigt. Ein Blechdach kann bis zu einer Neigung von 6 Grad gebaut werden, wenn die Blechstöße abgedichtet werden. Ein Blechdach kann große Schneelasten tragen, und die glatte Oberfläche läßt den Schnee leicht abrutschen. Ein weiterer Nachteil neben der unattraktiven Optik ist, daß sich Kondenswassertropfen auf der Unterseite bilden können und es knackt, wenn die Bleche sich ausdehnen oder zusammenziehen. Außerdem kann es Probleme mit der Oberflächenbehandlung geben, falls eine solche notwendig wird.

Zur Jahrhundertwende wurden beim Bau von Häusern und Lustpavillons sehr oft mit Falzblechen eingedeckte Dächer benutzt. Ein solches Dach sieht auf einem neuerbauten Lustpavillon, einer Veranda oder einem Erker vorzüglich aus. Das Blechdach wird auf eine tragende Unterschalung gelegt. Das Eindecken erfordert jedoch sehr gute handwerkliche Kenntnisse und wird am besten von einem Spengler ausgeführt.

Holzanstrich

Häuser werden angestrichen, damit sie hübscher aussehen und damit das Holz geschützt wird. Die Farbe schützt das Holz bei Regen vor schnell eindringender Feuchtigkeit. Auch wird das Holz gegen die UV-Strahlung der Sonne geschützt, die langfristig die weichen Jahresringe in der Außenschicht zerstören kann. Wenn Sie allerdings die falsche Sorte nehmen, kann Farbe auch dazu beitragen, daß Ihre Wandverschalungen verrotten. Ist die Farbe zu dick und dicht, kann Feuchtigkeit eindringen, ohne daß sie die Möglichkeit hat, wieder zu verdunsten.
Ich besitze selbst einen alten Schuppen am See. Die Außenpaneele sind grau und unbehandelt. Genauso schnell wie das Holz dort feucht wird, trocknet es wieder. Wichtig ist, schon beim Bau richtig zu planen und darauf zu achten, daß der Niederschlag vom Gebäude gut ablaufen kann und nirgendwo Feuchtigkeit eingeschlossen wird.

Faluner Rot (Falu rödfärg) ist eine sogenannte Schlämmfarbe, die in Schweden schon seit sehr langer Zeit benutzt wird und sich bestens bewährt hat. Sie ist preiswert und leicht zu verarbeiten. Die Farbe enthält Eisen- und Kupfervitriol, was einen gewissen äußerlichen Schutz gegen Algen- und Schimmelwuchs bewirkt. Ein großer Vorteil dieser Farbe ist ihre Fähigkeit, Feuchtigkeit durchzulassen. Die Feuchtigkeit kann in das Holz eindringen, aber genauso schnell wieder verdunsten. Die dunkelrote Tönung bewirkt, daß man Schmutz nicht sieht und Sonneneinstrahlung absorbiert wird. Das letztere trägt dazu bei, daß die Feuchtigkeit nach dem Regen schnell verdunstet. Damit die Schlämmfarbe gut hält, muß die Paneeloberfläche ungehobelt sein. Es wird keine besondere Vorbehandlung oder Grundierung benötigt. Vor einem Renovierungsanstrich wird lose Farbe mit einer harten Bürste entfernt. Die Farbe ist wasserlöslich und muß deshalb frostfrei gelagert werden. Das Faluner Rot ist von guter Qualität, enthält ausreichend Rotpigmente und zusätzlich 8 % Leinöl, wodurch die Pigmente gut auf der Unterlage haften.
Faluner Rot wird meistens in Kombination mit weißen oder hellgrauen Holzteilen verwendet. Schlämmfarbe gibt es auch in anderen Farben, wie beispielsweise Gelb oder Braun.

Leinölfarbe ist eine andere Farbe, die sich für Außenwände bewährt hat. Sie basiert auf gekochtem Leinöl, Farbpigmenten, Trockenmittel, eventuell Füllstoff und etwas Lösungsmittel. Neuerdings werden alte Methoden zum Außenanstrich von Häusern wieder aktuell. Ich möchte daher noch einmal betonen, wie wichtig ordentliche Vorarbeiten sind. Die Grundierung

und der Zwischenanstrich müssen sorgfältig ausgeführt werden, bevor der Schlußanstrich aufgebracht wird. Beachten Sie deshalb genau die Anweisungen des Herstellers, wenn ein spezielles Vorgehen beim Anstrich vorgeschrieben wird. Das gilt sowohl für den Erst- als auch für den Renovierungsanstrich. Bitte nicht verschiedene Fabrikate miteinander mischen. Eine gute Leinölfarbe dringt leicht in das Holz ein und füllt dürftig gewachsene und poröse Holzpaneele auf, so daß der Schlußanstrich eine gute Grundierung erhält.
Für den Anstrich müssen die Paneele trocken und das Wetter gut sein. Streichen Sie aber niemals in direktem Sonnenschein. Folgen Sie statt dessen dem Lauf der Sonne, damit Sie immer im Schatten arbeiten können. Leinölfarbe trocknet durch Oxydation mit dem Sauerstoff der Luft. Lassen Sie deshalb die Farbe gründlich trocknen, bevor Sie weitere Anstriche ausführen. Tragen Sie die Farbe dünn auf.

Alkydharzlacke könnte man als eine moderne Ölfarbe bezeichnen, die auf Alkydharz basiert. Wird ein mageres Alkydharz benutzt, entsteht eine glänzende Oberfläche für den Anstrich in geschlossenen Räumen. Ein fettes Alkydharz stellt eine gute Außenfarbe dar, beispielsweise für Fensterrahmen. Beachten Sie die Anweisungen des Herstellers und benutzen die empfohlenen Grundierungsöle und Grundierungen.

Latexfarbe oder sogenannte Kunststoffarbe ist eine Mischung aus Wasser und kleinen Plastikkügelchen. Wenn das Wasser verdunstet, vereinigen sich die Kunststoffkügelchen zu einem elastischen Film, der erstklassig haftet. Die Elastizität dieser Farbe wird als ein Vorteil angesehen, da sie sich den Bewegungen des Holzes anpaßt, ohne zu reißen. Der Nachteil ist, daß hinter der elastischen Schicht Feuchtigkeit eindringen kann. Außerdem dringt Latexfarbe nicht in das Holz ein. Damit diese Farbe gut haftet, muß die Malerarbeit nach einem bestimmten System ausgeführt werden. Der Grundierung mit Grundierungsöl folgt ein Voranstrich mit Alkydharzfarbe, bevor als Abschluß die Latexfarbe aufgetragen wird. Ein Erstanstrich ist mit Kunststoffarbe nicht leichter auszuführen als mit Ölfarbe.
Man sagt, daß Latexfarbe bei Wandpaneelen mit belüfteter Rückseite geeignet ist, da die Feuchtigkeit nach hinten abdunsten kann. Eine mit Latexfarbe gestrichene Fassade kann nicht mit einer anderen Farbsorte neu angestrichen werden. In diesem Fall muß die Fassade zuerst bis auf das rohe Holz gereinigt werden.

Lasuren sind dünne Außenfarben, die beispielsweise aus verdünntem Leinöl und etwas Farbpulverzusätzen bestehen. Charakteristisch für eine solche Farbe ist, daß sie von so dünner Konsistenz ist, daß die Holzstrukturen durch die Farbschicht scheinen. Einige Lasuren enthalten spezielle Gifte und werden in diesem Fall als Holzschutzmittel bezeichnet. Diese Farben schützen gegen Bewuchs durch Algen und Schimmel. Eine dünne Fassadenfarbe schützt im allgemeinen natürlich schlechter als eine dicke Farbe, und deshalb muß eine Fassade, die mit Lasur gestrichen wurde, des öfteren neu gestrichen werden. Nach jedem Renovierungsanstrich erscheinen Lasurfarben dunkler und deckender.

Holzöl ist ein weitgefaßter Begriff und oft weiß man gar nicht, was man kauft. Lesen Sie das Etikett und fragen im Geschäft nach. Verlangen Sie am besten Holzöl, das auf gekochtem Leinöl basiert. Es gibt auch rohes, kaltgepreßtes Leinöl. Der Nachteil dieses Produktes ist die lange Trockenzeit. Am Gehalt der trockenen Bestandteile, der auf dem Etikett der Dose angegeben ist, kann man erkennen, in welcher Verdünnung das Öl vorliegt. Das Lösungsmittel besteht gewöhnlicherweise aus einem Verdünner auf Rohölbasis.
Holzöl wird als Grundöl und bei Oberflächenbehandlungen von Holzkonstruktionen außerhalb des Hauses verwandt, beispielsweise für druckimprägnierte Holzterrassen, Treppen, Geländer und Gartenmöbel. Die Ölung des Holzes soll der Rißbildung entgegenwirken. Es ist sehr wichtig, daß besonders das Kopfholz gründlich mit Öl gesättigt wird. Hier trocknet das Holz sehr schnell und zieht Feuchtigkeit, wodurch Risse auftreten. Deshalb sollten Nagellöcher in der Nähe des Kopfholzes immer vorgebohrt werden. Mit der Zeit wird der Farbton des Holzes dunkler, und die Oberfläche sieht schmutzig aus. Reinigen Sie deshalb die Oberfläche ab und zu mit „Malersoda“.

Bauholz

Bauholz ist teuer. Achten Sie darauf, es flach und vor Sonne und Regen geschützt zu lagern. Zwischen die Bretter gelegte Dachlatten bewirken eine gute Belüftung, und das Holz verzieht sich nicht.

Kanthölzer und Bretter für Bauzwecke sind normalerweise aus Kiefer oder Fichte gemacht. Fichtenholz ist leicht und elastisch. Die Astzeichnungen auf einer Fichtenpaneele zeigen sich nicht in gleichem Maße durch die Farboberfläche wie bei einem Kiefernbrett, bei dem der Harzdurchschlag stärker auffällt. Der Vorteil des Kiefernholzes ist, daß besonders das Kernholz einen natürlichen Schutz gegen Schimmel besitzt, da es viel Terpentin und Harz enthält.

Druckimprägniertes Holz für Außenkonstruktionen wird immer aus Kiefer gemacht. Fichtenholz kann nicht druckimprägniert werden, nachdem die Zellstrukturen geschlossen sind. Aus Umweltschutzgründen werden heutzutage im allgemeinen schwächere fäulnisverhindernde Gifte verwandt als früher. Druckimprägniertes Holz wird in Skandinavien in verschiedene Klassen eingeteilt: Klasse M für den Gebrauch an der Westküste, beispielsweise für die Pfosten eines Bootsteges. Klasse A wird benutzt, wo das Holz in Kontakt mit Erde tritt, beispielsweise bei eingegrabenen Zaunpfählen oder Pfählen eines Bootsteges an der Ostküste. Klasse AB wird überirdisch benutzt.

Ich habe die Erfahrung gemacht, daß druckimprägniertes im Vergleich zu nichtimprägniertem Holz bedeutend länger hält. Man hat Versuche unternommen, Bretter für Bodenroste aus Lärchenholz herzustellen. Lärchenholz, das früher für Eisenbahnschwellen genommen wurde, besteht aus einem großen Anteil Kernholz mit einem hohen Gehalt natürlichen Fäulnisschutzes in Form von Terpentin und Harzen.

Abmessungen

Wenn es um die Bezeichnung von Bauholzsorten und deren Abmessungen geht, kann es zu großen Begriffsverwirrungen kommen. Kanthölzer, Bretter, Latten, Leisten, Sparren und Balken sind nur einige Begriffe. Der Ausgangspunkt für die Abmessungen ist das alte Zollmaß. Ein Zoll entspricht ungefähr 25 mm.

Früher wurde Bauholz meist nur gesägt. Dieses Holz kann man immer noch kaufen, aber man nennt es heute ungehobeltes Holz. Ein ungehobeltes Wandbrett hat beispielsweise die Maße 25×150 mm. Dasselbe Brett hat, wenn alle vier Seiten plangehobelt wurden, die Abmessungen 22×145 mm. Wandfarbe hält am besten auf ungehobeltem oder längsgesägtem Holz. Deshalb sind Paneelbretter für Wandverkleidungen meistens nur rohgehobelt, was bedeutet, daß sie auf drei Seiten – einer Breitseite und zwei schmalen Seiten – gehobelt wurden. Um den Dachstuhl mit einer Schalung zu versehen, wird sogenannter Rauhspund verwendet, der ebenfalls dreiseitig gehobelt ist. Es gibt ihn in den Abmessungen 17×70 mm, 17–23×70–95 mm und 17–23×120–145 mm. Den ganz breiten Rauhspund kann ich nicht empfehlen, da er zu stark arbeitet, d.h. aufschwillt oder schrumpft. Die Schmalseiten haben Nut und Feder, so daß sich dichte und gute Stöße ergeben.

Auch Wandpaneele gibt es mit Nut und Feder, beispielsweise in den Abmessungen 22×120 oder 22×145 mm. Normalerweise wird die Fuge bei senkrechten Wandverschalungen mit einer Abdeckleiste vernagelt. Es gibt auch Profilbretter mit Nut und Feder oder Falz. Außerdem sind auch Profilbretter für waagerechte Montage erhältlich, mit einseitiger und zweiseitiger Fase. Früher wurde beispielsweise in Schweden eine kräftige Paneelsorte mit Fase benutzt. Manche Schreinereien und Sägewerke stellen noch solche althergebrachten Profilbretter her.

Man unterscheidet zwischen glattgehobeltem und auf Maß gehobeltem Holz. Glattgehobeltes Holz ist von besserer Qualität, und man bekommt es in verschiedenen Abmessungen. Auf Maß gehobeltes Holz sieht schlechter aus und wird eher als Konstruktionsholz beispielsweise für Ständerwerke verwendet. Solches Konstruktionsholz gibt es für Sparrengebinde mit größerer Spannweite. Diese Holz enthält keine Äste, die die Haltbarkeit verschlechtern würden.

Die üblichen Abmessungen für auf Maß gehobeltes Bauholz sind:
22×45 – 70 – 95 – 120 – 145 – 170 – 195 mm,
28×70 – 95 mm,
34×45 – 70 – 95 – 120 – 145 mm,
45×45 – 70 – 95 – 120 – 145 – 170 – 195 – 220 mm,
70×70 mm und 95×95 mm.

Da Holz teuer ist, sollte man sein Bauholz in der Holzhandlung selbst auswählen. So kann man gerissenes oder verzogenes Holz aussortieren. Material mit großen, häßlichen, losen und/oder vielen Ästen sollten Sie nicht akzeptieren, wenn Sie die übliche Qualität für Bauzwecke erwerben wollen. Ein Brett oder Kantholz, daß schon in der Holzhandlung verzogen oder gerissen ist, wird sich später vermutlich noch mehr verformen. Häufig liegt das an der Lagerung des Holzes. Auch das Sägen hat einen großen Einfluß auf die Qualität. Sieht man große Risse, findet man möglicherweise den Kern des Stammes an einer Stelle mitten im Brett, wodurch große Spannungen beim Trocknen entstehen.

Gutes Bauholz ist immer aus dem Kern geschnitten. Manchmal gelingt es in einem Sägewerk nicht, einen Stamm genau in der Mitte zu durchsägen. Berechnen Sie die benötigten Längen so, daß Sie nicht zuviel Verschnitt übrigbehalten.

Auf ihrer Baustelle sollte das Holz flach und gut belüftet und vor Sonne und Regen geschützt gelagert werden. Richten Sie eine Auflage aus Betonblöcken oder quergelegten Kanthölzern her. Lange Bretter müssen mindestens an drei Stellen unterlegt werden, damit sie nicht durchbiegen. Legen Sie die Bretter Lage auf Lage. Zwischen jede Lage kommen dazu quer dünne Leisten oder Dachlatten, damit die Luft an alle vier Seiten der Bretter kommt. Sortieren Sie dabei besonders gerade und schöne Bretter der richtigen Länge aus, um daraus später Windfedern zu machen. Decken Sie das Holz mit Platten oder einer Plane ab. Wenn die Plane bis zum Boden heruntergeht, steigt darunter die Luftfeuchtigkeit stark an. Der Luftaustausch sollte rundherum gewährleistet sein.

Werkzeug

Zum Bau eines kleinen Hauses braucht man eigentlich keine größere Ausrüstung an Werkzeugen. Man kommt mit einem schweren Tischlerhammer und einer scharfen Fuchsschwanzsäge aus. Der Hammer sollte einen griffigen Schaft und eine Klaue zum Ausziehen von Nägeln besitzen. Ein gutes Werkzeug kostet häufig ein wenig mehr. Eine Säge mit Universalzahnung kann sowohl zum Kürzen als auch zum Längssägen von Brettern benutzt werden. Oftmals sind die Zahnspitzen gehärtet, damit die Säge länger scharf bleibt. Eine gehärtete Schneide kann nicht nachgeschärft werden, also vermeiden Sie es, in Nägel oder Zementreste zu sägen. Der Handgriff und der Rücken der Säge dienen als Anschlagwinkel von 45 oder 90 Grad. Als feste Stütze beim Sägen benützen Sie zwei stabile Holzböcke. Zum Messen und Markieren benötigt man ein Stahlmaßband oder einen Zollstock, Wasserwaage und einen Stift.
Wer viel mit Holz arbeitet, merkt schnell, wie nützlich ein kleiner elektrischer Handhobel sein kann. Das gleiche gilt auch für die elektrische Stichsäge und die Handkreissäge.
Ganz gleich, ob Sie etwas großes oder etwas kleines bauen: Eine Baukreissäge macht es einfacher. Dazu gibt es einen langen Seitenanschlag, der zum Kürzen von Kanthölzern oder Brettern sehr geeignet ist, besonders wenn man viele Hölzer auf die gleiche Länge schneiden möchte. Zu den weiteren Vorteilen einer Tischkreissäge gehört, daß sowohl Blatt als auch Anschlag im gewünschten Winkel schräggestellt werden können. So kann man die Unterseiten von Wandpaneelen schnell mit einer Abtropfkante versehen.
Breite Bretter können zu schmaleren verarbeitet werden, wenn ein einstellbarer Anschlag benutzt wird.

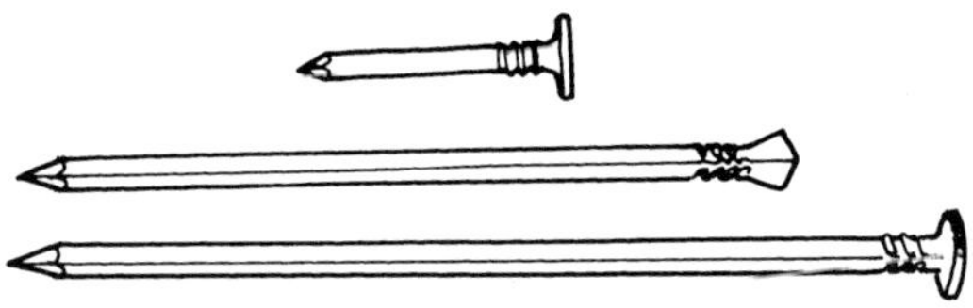

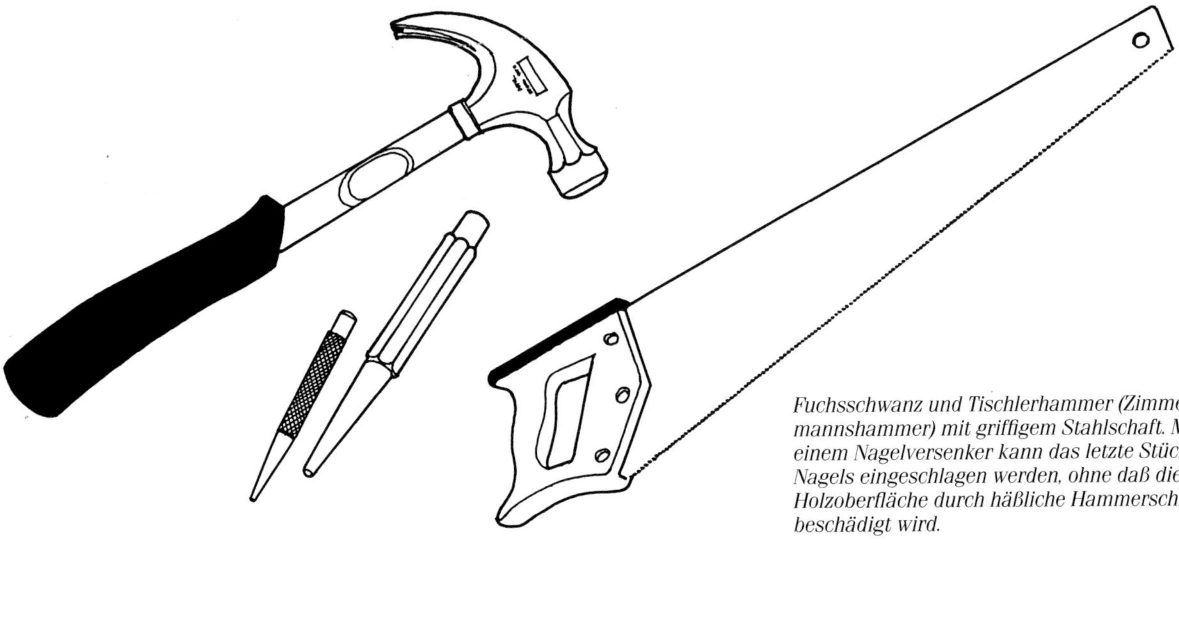

Fuchsschwanz und Tischlerhammer (Zimmermannshammer) mit griffigem Stahlschaft. Mit einem Nagelversenker kann das letzte Stück des Nagels eingeschlagen werden, ohne daß die Holzoberfläche durch häßliche Hammerschläge beschädigt wird.

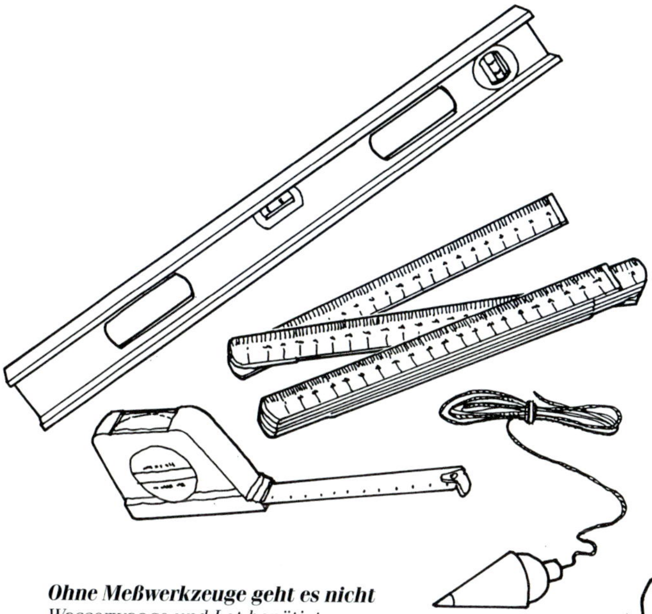

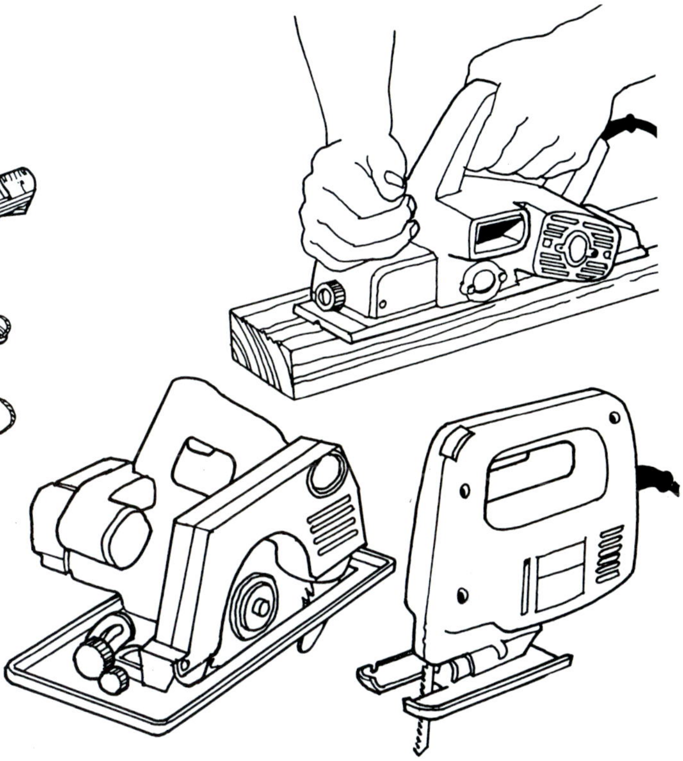

Ohne Meßwerkzeuge geht es nicht
Wasserwaage und Lot benötigt man, um zu kontrollieren, ob das Fachwerk waagerecht und senkrecht ausgerichtet ist. Ein langes Stahlmaßband und ein Zollstock sind unersetzliche Meßwerkzeuge. Mit einem Tischlerwinkel werden Winkel von 45 und 90 Grad kontrolliert. Um alle übrigen Winkel zu messen und zu markieren, benutzt man eine einstellbare Schmiege.

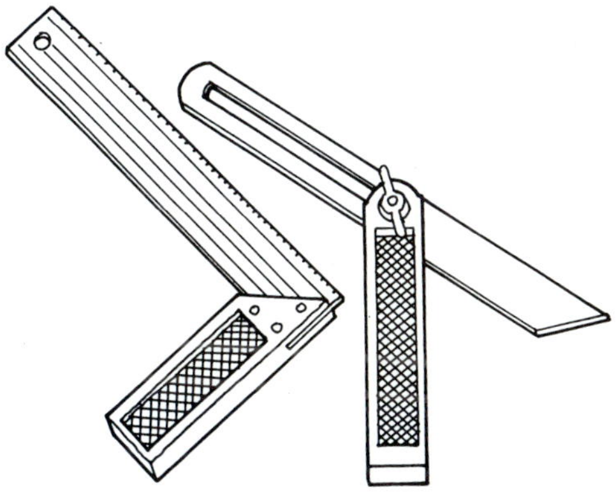

Elektrisches Werkzeug
Hobel, Handkreissäge und Stichsäge gehören zu den elektrischen Handwerkszeugen, die beim Bau eines Hauses gute Dienste leisten.

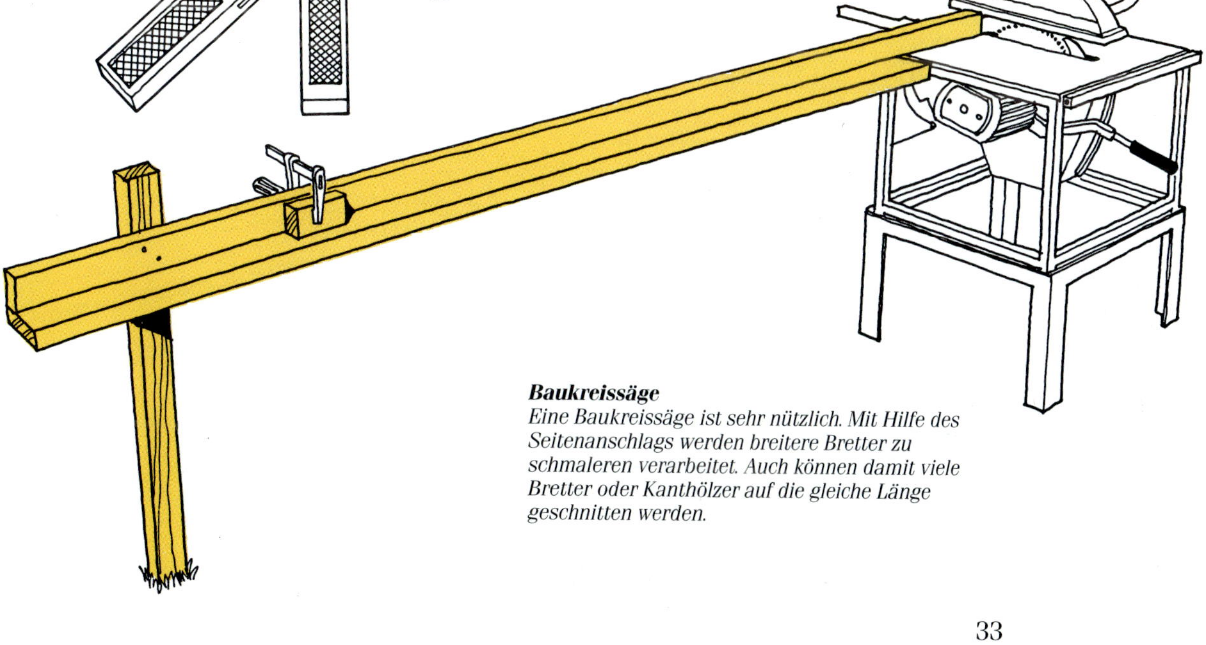

Baukreissäge
Eine Baukreissäge ist sehr nützlich. Mit Hilfe des Seitenanschlags werden breitere Bretter zu schmaleren verarbeitet. Auch können damit viele Bretter oder Kanthölzer auf die gleiche Länge geschnitten werden.

Ein einfacher Verschlag hält Ihr Holz trocken

Soll die Holzfeuerung effektiv und umweltfreundlich sein, muß das Holz richtig trocken sein. Deshalb ist es gut, das gespaltene Holz den Frühling und den Sommer über an der Luft trocknen zu lassen, bevor die Heizperiode beginnt. In dem hier gezeigten Holzverschlag lagern Sie Ihr Holz ansprechend und praktisch. Es liegt dort trocken, luftig und ist leicht zugänglich.

Sie können diesen Holzverschlag an die Wand einer Garage oder eines Hauses anbauen. Die Rückseite kann auch ein kurzer Plankenzaun sein, der einen Freisitz vor Einsicht und Wind schützt. Zwei mit Holz heizende Nachbarn können ihre Holzverschläge an der Grundstücksgrenze auch Rücken an Rücken bauen. Wenn der Verschlag sehr lang wird, muß die eine oder andere Zwischenwand als Stütze eingebaut werden. Dieser Holzverschlag kann fünf bis sechs Kubikmeter gespaltenes und gestapeltes Holz aufnehmen. Lose Türelemente an der Vorderseite schützen gegen Schlagregen und Schnee.

So wie hier kann man an einer Hauswand Ordnung in sein Holzlager bringen. Das Holz liegt trocken und luftig oberhalb der Erde. In der Abtrennung links finden Hauklotz, zusammenklappbarer Sägebock und Werkzeug ihren Platz, wenn sie nicht benutzt werden. In der Kiste rechts können Gartengeräte untergebracht werden. Der Deckel dient als Bank.

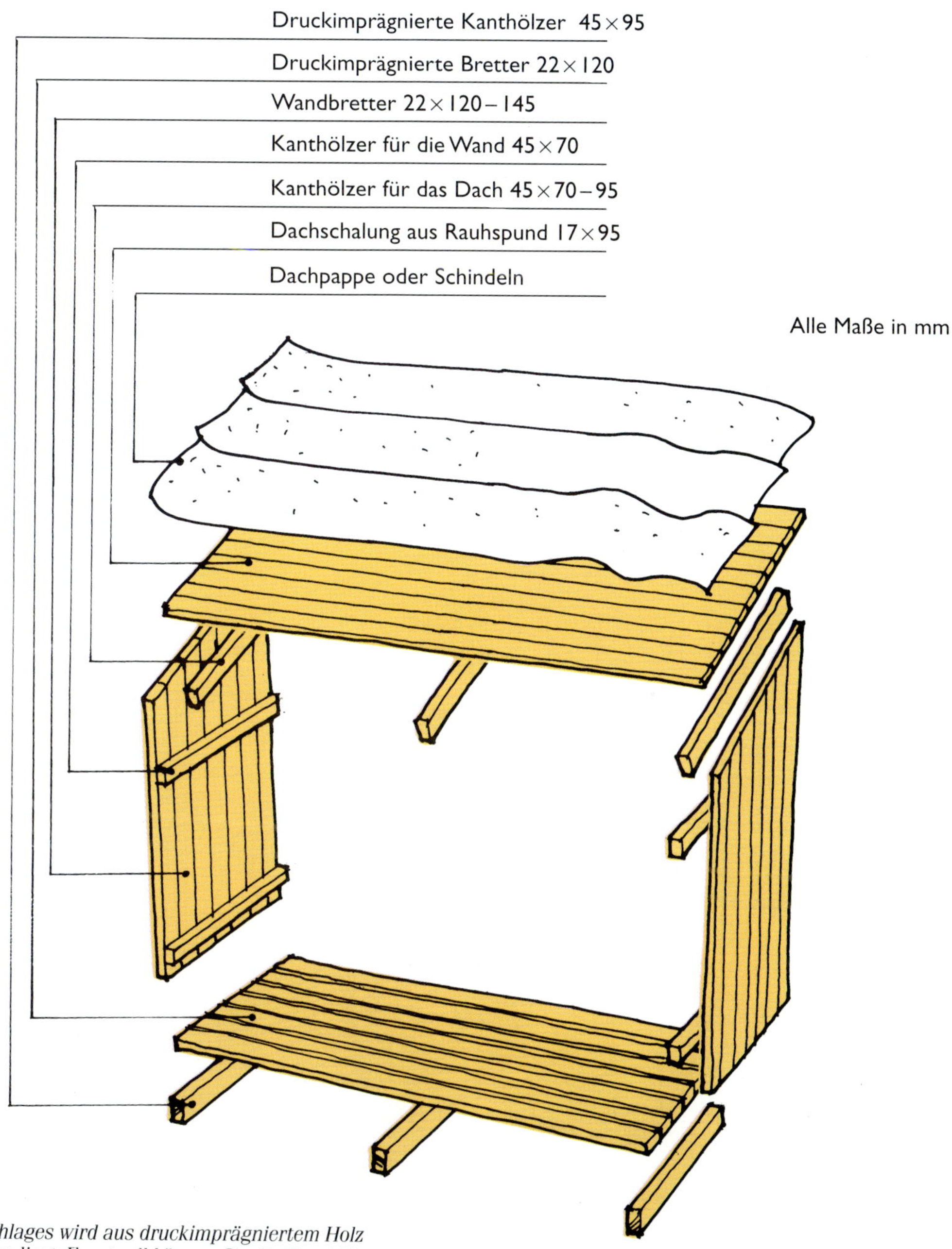

Der Boden des kleinen Verschlages wird aus druckimprägniertem Holz gefertigt, da er auf dem Boden liegt. Eventuell können Sie die Kanthölzer für den Boden auf Betonplatten setzen. Wird der Schuppen sehr lang, müssen stützende Zwischenwände eingebaut werden.

Gerätehaus

Für fast jedes Wohn- oder Ferienhaus benötigt man einen Raum, in dem beispielsweise Fahrräder, die Schubkarre, Gartengeräte, Rasenmäher und Gartenmöbel untergestellt werden können.
Wenn das Gerätehaus so abgemessen wird, daß es in den Rahmen der schwedischen Freigrenzen paßt, braucht man normalerweise keine Baugenehmigung. In diesem Fall darf die Grundfläche nicht größer als 10 m² sein und die Firsthöhe 3 m nicht übersteigen. Außerdem darf das Gerätehaus nicht näher als 4,50 m an die Grundstücksgrenze gebaut werden. Das Gerätehaus darf übrigens nicht an das Wohnhaus angebaut werden. Soll des Gerätehaus näher an die Grundstücksgrenze oder höher als 3 m gebaut werden, müssen Sie zunächst Kontakt mit der Baubehörde aufnehmen.

Pfahlfundamente

Der Geräteschuppen hat neun Pfahlfundamente, die aus Beton in Gußformen, beispielsweise in Papprohre mit einem Durchmesser von 150 mm, gegossen werden.
Graben Sie die Löcher bis auf den festen Untergrund. Der gesamte Mutterboden muß entfernt werden. Zunächst wird eine kleine Bodenplatte gegossen. Drücken Sie in deren Mitte ein Baustahleisen ein. Nachdem der Beton ausgehärtet ist, wird die Gußform auf die Bodenplatte gestellt und die Erde um die Form herum wieder aufgefüllt. Messen Sie genau, und richten Sie mit einem langen Richtbrett und einer langen Wasserwaage die Betonformen so aus, daß die Oberkante der Pfahlfundamente auf ein einheitliches Niveau kommt. Markieren Sie die richtige Höhe mit Klebeband am Baustahleisen. Füllen Sie danach die Pappröhren genau bis zur Höhenmarkierung mit Beton auf. Gießen Sie kräftige Schwellenbeschläge (Ankerplatten) aus feuerverzinktem Flacheisen ein. Bis der Beton ausgehärtet ist, werden die Beschläge mit Holzabschnitten fixiert.
Wird das Gerätehaus zum Beispiel an eine Garage angebaut, können die stehenden Kanthölzer auf kräftigen Betonplatten für Gartenwege anstelle von Pfahlfundamenten ruhen. Der Sockel wird mit waagerechten Brettern aus druckimprägniertem Holz verschalt.

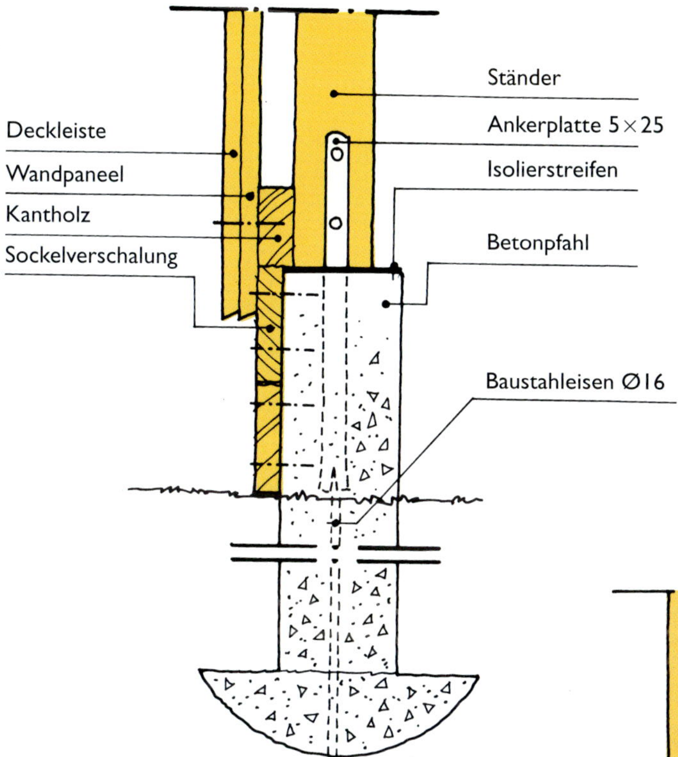

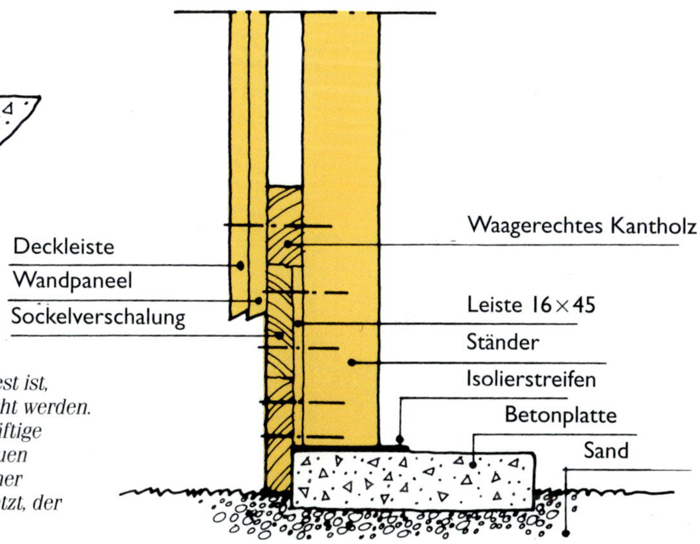

Vereinfachtes Fundament: Wenn der Untergrund fest ist, kann das Fundament für ein Gerätehaus vereinfacht werden. Anstelle von gegossenen Betonpfeilern werden kräftige Betonplatten oder -blöcke als Unterlage für die neuen senkrechten Ständer gewählt. Eventuell vorhandener Mutterboden wird abgetragen und durch Kies ersetzt, der ordentlich verdichtet werden muß.

Ständerwerk

Das Ständerwerk wird als Fachwerkkonstruktion mit Kanthölzern in den Abmessungen 45× 95 mm ausgeführt. Jeder Ständer wird, wie es die Zeichnungen der vorangehenden Seite im Detail zeigen, auf einen Betonpfahl oder eine Betonplatte gestellt. Richten Sie die Eckständer mit der Wasserwaage senkrecht aus und befestigen Sie diese provisorisch mit von außen angebrachten schrägen Leisten. Im Innenraum wird der gesamte Mutterboden abgetragen. Verteilen Sie dort Kies oder legen Sie Betonplatten. Die Tür hat keine Schwelle, damit man leicht Schubkarre, Rasenmäher oder Holz hinein- oder hinausschaffen kann. Die gegossenen Betonfundamente ragen etwa 300 mm über den Boden hinaus. Dagegen werden zwei Verkleidungsbretter 28×145 mm aus druckimprägniertem Holz der Klassen A oder AB geschraubt. Bohren Sie die Löcher mit der Schlagbohrmaschine und drücken Kunststoffdübel in die Löcher. Verschrauben Sie mit Holzschrauben oder Sechskantschrauben mit Holzgewinde. Oberhalb der Sockelverkleidung wird das unterste waagerechte Kantholz in den Maßen 45× 95 mm an den Ständern festgenagelt. Die Standorte der übrigen senkrechten Kanthölzer gehen aus der Zeichnung hervor. Damit das Ständerwerk richtig stabil wird, sollten sie unbe-

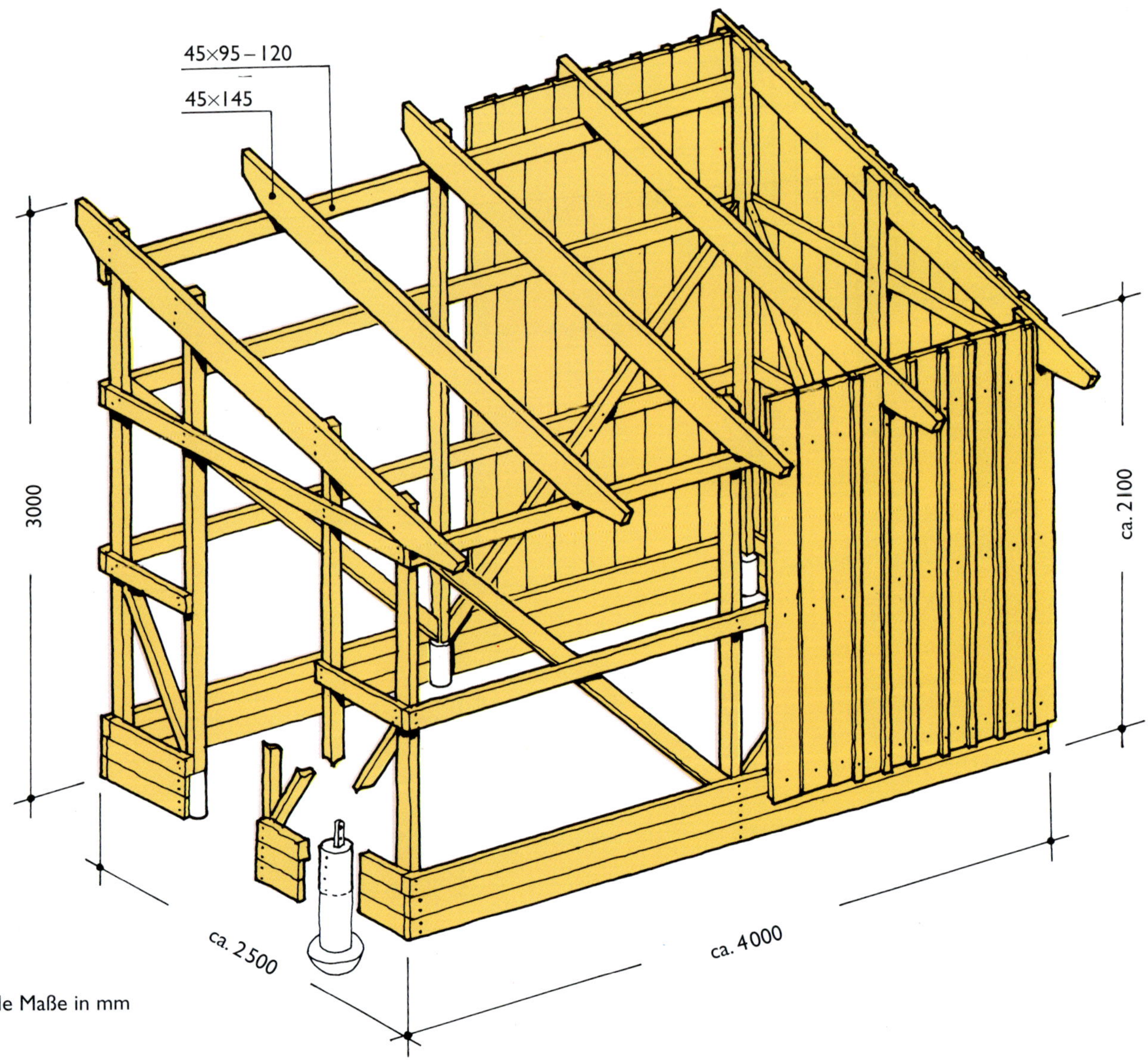

Alle Maße in mm

dingt jeden Eckpfosten sorgfältig mit zwei Schrägstreben verstärken.
Die Dachneigung beträgt 18 – 22 Grad. Diese darf nicht unterschritten werden, wenn Sie Dachpfannen beispielsweise aus Beton benutzen wollen. Die Dachbalken werden aus Holz der Abmessungen 45 × 145 – 170 mm angefertigt. Die Holzabmessungen hängen von der Breite des Schuppens und der berechneten maximalen Dachlast ab. Im schwedischen Norland etwa sind stärkere Balken notwendig. Die Dachbalken werden durch schräg eingeschlagene Nägel auf dem oberen waagerechten Kantholz, dem Rähm, fixiert und mit Ankerplatten oder Locheisenband befestigt. Die Dachtraufe sollte wenigstens 250 mm Überstand haben.
Die Fassade besteht aus senkrechten Paneelen mit Deckleisten. Die Fassadenbretter 22 × 145 mm werden mit einem Nagel in der Mitte auf den waagerechten Kanthölzern befestigt. Die Fuge zwischen den Brettern wird mit Deckleisten 22 × 34 – 45 mm abgedeckt. Benutzen Sie feuerverzinkte Drahtnägel 75 × 28 und 100 × 34.

Dach

Es gibt verschiedene Möglichkeiten, das Dach auszuführen: Sie können mit Blech, Dachpappe oder Dachpfannen eindecken. Dachblech und Dachpfannen ohne Unterschalung werden auf Dachlatten 45 × 70 mm gelegt, diese quer über dem Tragbalken des Daches befestigt. Alternativ können Sie eine Unterschalung aus Rauhspund 17 × 95 mm auf den Dachbalken vernageln und darauf das Dach mit Dachpappe eindecken. Sie können aber auch eine Lage Dachpappe mit Distanz- und Dachlatten und Dachpfannen nach der Vorschrift des Herstellers aufbringen. Die Dachpappe wird gegen Dreikantleisten an der Schmalseite des Daches und an der hohen Längsseite hochgebogen. Befestigen Sie die Windfedern an den Dreikantleisten oder einer eventuellen Hilfsleiste unterhalb der Dachverschalung. Zum Schluß werden die Winkelabdeckbleche (Ortgangbleche) auf den Windfedern befestigt. Auch über der Tür wird ein Traufblech angebracht.

Türen

Die Türöffnung mißt 1200 × 1850 mm und hat zwei Türflügel, die jeweils eine Breite von 600 mm haben. Sie werden aus senkrechten Nut- und Federbrettern 28 × 120 mm hergestellt und auf zwei waagerechten Kanthölzern 34 – 45 × 95 mm befestigt. Um die Türflügel stabil zu machen, verstärkt man sie mit einer Schrägstrebe, wie die Abbildung Seite 36 zeigt. Beachten Sie, daß die Enden der Schrägstrebe in die beiden horizontalen Kanthölzer eingelassen werden. Benutzen Sie feuerverzinkte Hakenscharniere der Abmessungen 500 × 30 × 6 mm zum Einhängen. Die Scharniere werden mit durchgehenden Maschinenschrauben befestigt.

Anstrich

Für einen solchen Geräteschuppen eignen sich Schlämm- oder Ölfarben. Das Kopfholz der Paneele und Leisten muß unten schräg angeschnitten werden, damit sie eine Tropfkante erhalten. Streichen Sie sorgfältig, damit das Holz keine Feuchtigkeit aufnimmt.
Bevor die Deckleisten aufgenagelt werden, sollte die Fassadenverkleidung komplett angestrichen werden. Dadurch werden ungestrichene Schrumpfkanten an den Deckleisten vermieden.

Kleiner Schuppen

Die Grundfläche dieses Schuppens ist kleiner als 10 m² und die Höhe liegt unter 3 m. In Schweden darf nicht näher als 4,50 m an die Grundstücksgrenze gebaut werden, und die Nachbarn müssen informiert werden. Um ganz sicherzugehen, fragt man am besten erst die Baubehörde, um sicher zu sein, daß keine Sonderbestimmungen für das Baugelände gelten.

Hier zeigen wir einen Schuppen mit einem schrägen sogenannten Pultdach. Dieser Schuppen ist leicht zu bauen, weil unter anderem keine Sparrengebinde angefertigt werden müssen.

Dieser 10 m² große Schuppen ist ein idealer Abstellraum am Wohn- oder Freizeithaus., zum Aufbewahren von Holz, Fahrrädern, Gartenmöbeln und Rasenmäher. Außerdem kann man hier ein Gästezimmer einrichten und eine Dusche oder Toilette einbauen.

Ein solcher Schuppen kann als Ergänzung zum Wohn- oder Freizeithaus viele Funktionen erfüllen. Aber er darf unseren Bestimmungen nach nicht als Anbau zum Wohn- oder Freizeithaus ausgeführt werden, sondern muß freistehend sein. Man kann aber beispielsweise den Schuppen so plazieren, daß er durch seine Position zum vorhandenen Haus einen schönen Freisitz an der Sonne schafft. Schuppen und Haus können durch einen sicht- und lärmschützenden Plankenzaun verbunden werden.

Die Konstruktion ist dieselbe wie beim Bau eines größeren Hauses: Sie hat eine Schwelle, es besteht die Möglichkeit, einen isolierten Boden einzuziehen, das Fachwerk besteht aus 45×95 mm starkem Holz. Eine solche Fachwerkwand kann von innen isoliert werden.

Fundamente und Schwelle

Die Schwelle aus 100×100 mm gehobelten oder ungehobelten Kanthölzern ruht auf sechs gegossenen Betonfundamenten. Die Fundamente müssen auf festem Untergrund stehen, so daß sie nicht absinken können. In der Mitte eines jeden Fundaments wird ein 10 mm starkes Armiereisen eingegossen. Dieses muß ein Stück über das Fundament ragen. Wenn Sie die Schwelle legen, bohren Sie Löcher für die herausragenden Armiereisen. Diese werden danach abgeschnitten und umgebogen, womit die Schwelle auf den Betonfundamenten gesichert ist. Die Ecken werden in halber Stärke überplattet. Eventuelle Längenverbindungen werden auf die gleiche Weise ausgeführt, und zwar immer über einem Fundament. Damit keine Feuchtigkeit von den Betonfundamenten in die Schwelle aufsteigen kann, wird zwischen Fundament und Schwelle Teerpappe eingelegt. Ist der Grund besonders feucht, muß für die Schwelle druckimprägniertes Holz benutzt werden. Wenn der Zwischenraum zwischen den Fundamenten nicht verkleidet wird, haben Sie unter dem Haus eine gute Durchlüftung.

Fachwerk

Jetzt werden die Standpunkte für die Ständer 45×95 mm auf der Schwelle angerissen. In der Ecke setzt man sie Kante an Kante. So bekommt man stabile Ecken.

Hier sehen Sie, wie die Fußbodenbalken auf der Schwelle ruhen. Das Ständerwerk wird auf der Schwelle befestigt und, falls möglich, zusätzlich an den Bodenbalken. Da die Firsthöhe für einen solchen Schuppen unseren Bestimmungen nach höchstens 3 m betragen darf, dürfen die Pfahlfundamente nicht zu hoch angelegt werden.

Alle Maße in mm

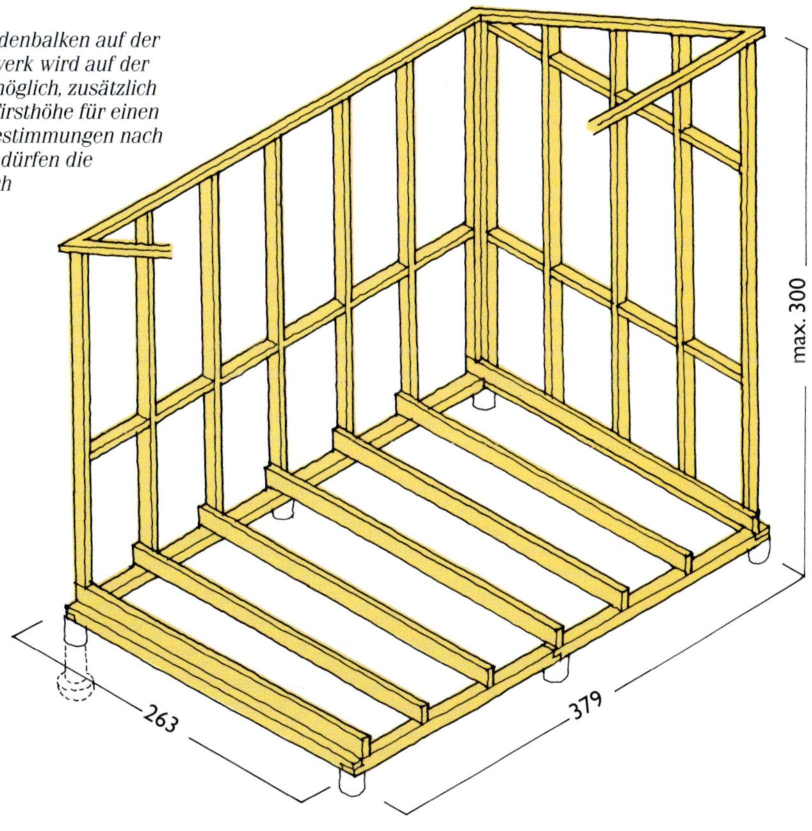

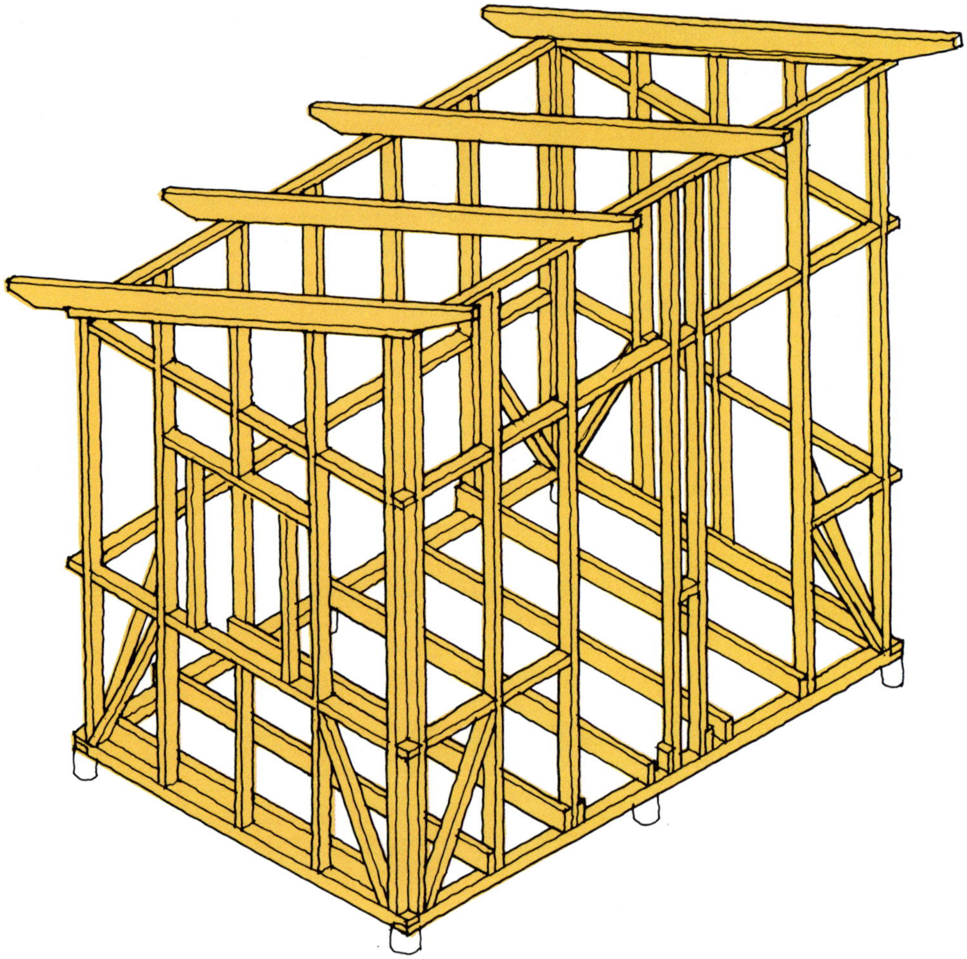

Nehmen Sie eine lange Wasserwaage und kontrollieren Sie sorgfältig, ob das Fachwerk gerade wird. Beginnen Sie mit dem Ausloten und überprüfen die Eckständer. Diese werden dann mit provisorischen Schrägstreben außen befestigt.

Oben verbinden Sie die Ständer mit einem Rähm. Er besteht aus einem 45×95 mm starken Kantholz. Auf dem Rähm über den aufrechten Ständern werden die Dachbalken durch schräg eingeschlagene Nägel befestigt.

Die Ständer erhalten einen Mittenabstand von 600 mm. Verkleidungsplatten zur Windabdichtung, Faserplatten, Preßgips oder Spanplatten haben eine Breite von 1200 mm und passen deshalb genau auf das Abstandsmaß des Ständerwerks. Senkrechte Stöße der Wandverkleidungen liegen immer auf einem senkrechten Ständer. Die beiden Türöffnungen mit einer Breite von 800 mm verändern jedoch die Abstände auf der einen Längsseite. Am ebenfalls 800 mm breiten Giebelfenster werden sogenannte Auswechslungen aus Kanthölzern hergestellt.

Außen unter der Paneelfassade werden Faserplatten oder anderes Plattenmaterial als Windschutz verwendet. Eine Außenwand kann ebenfalls aus 15 mm starkem Sperrholz angefertigt werden. Mit senkrechten Leisten und entsprechendem Anstrich sehen die Wände anschließend wie eine Paneelwand mit Deckleisten über den Stößen aus. Auch die Wandisolierung, die in den Fächern angebracht wird, hat eine Breite von 600 mm.

Die Fußbodenbalken von 45×145 mm werden so mit Nägeln befestigt, wie es die Zeichnung zeigt. Die Holzklötze an den Türöffnungen dienen als Halt für die Türschwellen.
Bevor der Boden vernagelt wird, muß man sich entscheiden, ob er isoliert werden soll. Einen doppelten Boden können Sie so bauen: Druckimprägnierte Bretter 22×95 mm werden unter den Bodenträgern aufgenagelt, so daß sie wie umgedrehte T-Träger aussehen. Auf diese Weise erhalten Sie an den Längsseiten der Bodenträger Auflagen. Zwischen den Trägern und auf den Auflagen bringen Sie genau passende Faserplatten in doppelter Lage an. Auf diesen Platten heftet man winddichtende Pappe fest. Der Raum zwischen den Trägern wird mit Mineralwolle in Höhe der Bodenträger ausgefüllt. Danach wird die gesamte Decke mit Kunststofffolie abgedeckt und ein Boden aus Spanplatten oder Rauhspund gelegt.
Zwischen den senkrechten Ständern werden waagerechte Riegel durch schräg eingeschlagene Nägel befestigt. Das ergibt eine Unterlage zum Aufnageln senkrechter Paneelbretter und Abdeckleisten. Sie versteifen außerdem die Innenwände und ergeben eine Befestigung für deren Verkleidung. Um eine gute Möglichkeit zur Befestigung von Verkleidungen über den Türen und unter den Fenstern zu erhalten, sind meistens weitere horizontale Kanthölzer notwendig. Aus dem gleichen Grund befestigen Sie in den Eckpfosten Holzklötze.
Wenn der Schuppen innen mit Wänden aus Plattenmaterial ausgestattet wird, erhält das Fachwerk eine gute Diagonalversteifung. Verzichten Sie auf Innenwände, müssen Sie in den Ecken Diagonalstreben zur Stabilisierung anbringen.

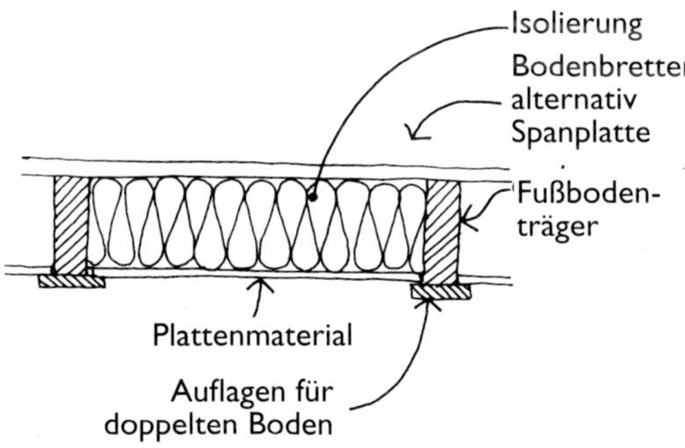

Den Fußboden isoliert man mit einem sogenannten Blindboden (Doppelter Boden), auf dem Mineralwolle liegt.

Dach

Für das Dach verwenden Sie Balken von 45×145 – 170 mm. Die Abmessungen der Balken und die Neigung des Daches werden durch die Schneelasten, die in Ihrer Wohngegend zu erwarten sind, bestimmt. Beachten Sie also in welchem Landesteil Sie bauen. Das Dachgebälk sichern Sie am Fachwerk mit Locheisenband, Ankerplatten und Ankernägeln (Kammnägeln). Das Locheisenband wird um die Dachbalken gebogen und sorgfältig am Rähm und im Ständerwerk festgenagelt. Das Dach stellen Sie aus Rauhspundbrettern 22×95 mm her.
Decken Sie das Dach mit einer doppelten Lage oder Schindelplatten aus Asphaltpappe. Werden Dachpfannen derselben Sorte wie beim in der Nähe liegenden Wohnhaus verwendet, bringen Sie zuerst eine Lage Asphaltpappe und die Verlattung auf. An den Außenkanten wird die Dachpappe mit einer Dreikantleiste unterlegt. Auf diese nageln Sie die Windfedern. Die Verblendung erhält oben eine Abdeckung aus Blech.
Eine Deckenverkleidung der Innenseite wird wie folgt angefertigt: Zwischen der Unterseite der Dachunterschalung und der Oberseite der Isolierung muß ein Belüftungsspalt angelegt werden, damit keine Probleme mit Kondenswasser auftreten können. Befestigen Sie zwischen den Dachbalken drei dünne Distanzleisten auf der Innenseite von der Traufe bis hin zum First. Nageln Sie eine dünne Spanplatte auf die Distanzleisten. Danach drücken Sie die Mineralwolle von unten zwischen die Dachbalken und befestigen die Isolierung mit Kunststoffolie und einem Tacker (Heftklammerpistole). Jetzt kann die Deckenverkleidung auf der Innenseite mit Platten oder Nut- und Federbrettern auf der Unterseite der Dachbalken vernagelt werden. Alternativ hierzu kann auch eine dünne Lattung 22×70 mm mit einem Mittenabstand von 300 mm angebracht werden. Auf dieser Lattung kann anschließend die Deckenverkleidung, beispielsweise aus Plattenmaterial befestigt werden.

Bauen Sie ein Toilettenhäuschen

Ein freistehendes Toilettenhäuschen ist besonders für Ferienhäuser geeignet. Es gibt verschiedene Systeme mit belüfteten Behältern aus Kunststoff oder Blech, in denen die Ausscheidungen gesammelt und zu Kompost verarbeitet werden.
Mit Genehmigung der Umwelt- und Gesundheitsbehörde kann man in Schweden einen Behälter aus Hohlblocksteinen auf einer gegossenen Bodenplatte errichten. Die Abdeckung wird aus Sperrholz angefertigt, so daß sie sich dem Freiraum hinter oder unter der Toilette anpaßt. Einige Toiletten haben ein Urinabscheidungssystem, das Geruch mindert und die Kompostierung der Ausscheidungen beschleunigt. Mit Wasser vermischter Urin ist ein ausgezeichnetes Düngemittel. Es gibt auch kleinere Systeme mit einem Auffangbehälter in Kombination mit einer Urinabscheidungsanlage. In der Tonne wird Torf untergemischt und die Ausscheidungen später kompostiert.

Eine gut funktionierende Kompostierungstoilette ist sowohl praktisch als auch hygienisch. Bei der Planung von Feriensiedlungen und manchmal auch bei Wohnhaussiedlungen geht in Schweden die Entwicklung dorthin, daß traditionelle Wassertoiletten zukünftig im gesamten Baugebiet verboten werden. Dies ist besonders in der Sommerzeit in manchen küstennahen Regionen sinnvoll, wenn die Wasserversorgung und -entsorgung überlastet sind. In Zukunft muß sauberes Wasser sparsam genutzt und der Überdüngung entgegengewirkt werden.

Kompostierungstoilette

Ein solches freistehendes Toilettenhäuschen ist eine gute Lösung für ein Ferienhaus. Viele Ferienhäuser haben provisorische Toiletten mit einem kleineren Typ von Kompostierungstoilette oder eine traditionelle Latrinentonne, die durch die Kommune entleert wird. Ein großer Teil der elektrischen Toiletten aus den siebziger Jahren, die die Fäkalien eintrockneten, funktionieren schlecht und haben eine zu geringe Kapazität. Eine auf lange Sicht umweltfreundliche Variante ist eine sogenannte Kompostierungstoilette mit einem Behälter unter oder hinter dem Toilettenhäuschen. Größere Behälter funktionieren wie eine geschlossene Anlage, in der die Ausscheidungen kompostiert werden. Eine Isolierung und Heizschlingen in Kombination mit einer durch einen Ventilator gesteuerten Belüftungsanlage beschleunigen die Kompostierung. Es gibt auch ein System, bei dem Urin und Kot getrennt werden. Dieses hat zwei kleinere Behälter und einen speziell geformten Toilettensitz.
Die kleinen Behälter können in Kombination mit einer Kompostierungsanlage benutzt werden. In dieser wird der relativ trockene, mit Torf oder

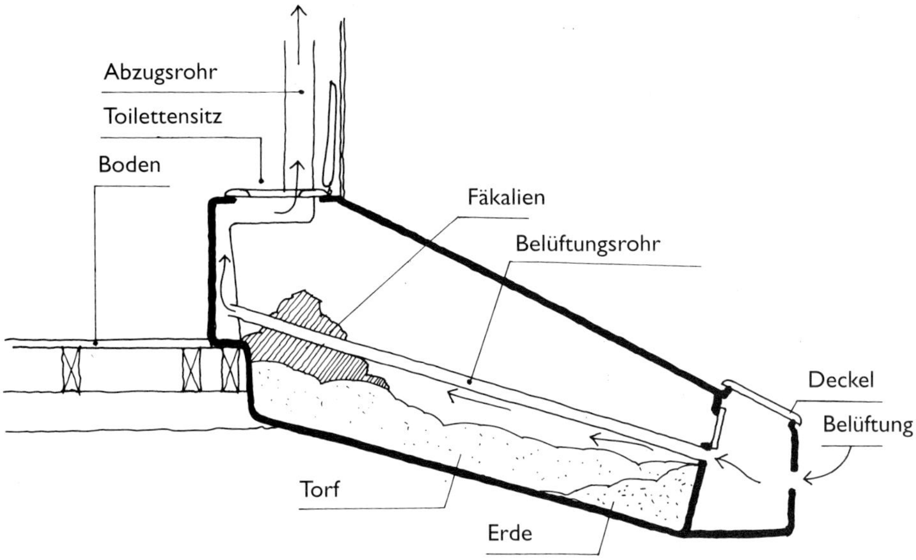

Der Querschnitt durch den Toilettenbehälter, in dem das Fäkalien-Torf-Gemisch kompostiert wird. Urin wird in einen separaten Behälter abgeschieden. Mit Wasser verdünnt kann er als Düngemittel verwendet werden.

Rindenmulch vermischte Kot zusammen mit Gartenabfällen kompostiert. Eine solche Anlage riecht nicht so stark, da der starke Ammoniakgeruch durch Urin entsteht. Der Urin wird in einen Behälter, Tank oder eine Resorptionsanlage abgeleitet. Mit Wasser vermischter Urin ist ein hochwertiger Natrium-Phosphor-Kalium-Dünger, mit dem sich Rasenflächen und Büsche gut düngen lassen. Die Kompostierungstoiletten werden bei uns nach Absprache mit den lokalen Umwelt- und Gesundheitsbehörden installiert. Diese empfehlen meistens auch verschiedene Systeme, die für Ihr Ferienhaus geeignet sind.

Eine Kompostierungstoilette instand halten

Hier funktioniert alles wie bei einem traditionellen „Plumpsklo": Die Ausscheidungen werden in einem dahinterliegenden geschlossenen Raum gesammelt, wo unter starker Verminderung des Volumens feiner Kompost gebildet wird. Am besten wird der Behälter an einem sonnigen Platz installiert. So wird er erwärmt, gleichzeitig werden Belüftung und Sauerstoffversorgung verbessert. Wird der Urin separiert, muß der Ausscheidungskompost trotzdem einen gewissen Feuchtigkeitsgehalt haben. Deshalb muß man ab und zu Wasser hinzufügen.
Bei der Inbetriebnahme wird eine Lage Erde, Torf oder Rindenmulch auf den Boden des Behälters gebracht. Darin befinden sich die Bakterien, die für den Kompostierungsvorgang verantwortlich sind. In den Behälter können Sie außerdem kompostierbare Küchenabfälle werfen. Fliegen werden durch ein Insektengitter ferngehalten. Jährlich oder alle zwei Jahre wird der hintere Teil des Behälters entleert und zur Bodenverbesserung untergegraben.

Baubeschreibung

Obwohl solch ein Toilettenhäuschen klein ist, wird das Fachwerk so dimensioniert und aufgebaut, daß man es wärmeisolieren kann. Die Basis für das Holzfachwerk ist eine Schwelle aus ungehobeltem Holz 100 × 100 mm oder doppelte Kanthölzer 45 × 120 mm. Die Schwelle ruht auf vier gegossenen Pfahlfundamenten, auf denen sie auch befestigt wird. Passen Sie unbedingt den Abstand und die Höhe der Betonpfähle an den Toilettenbehälter an oder an das System, das Sie verwenden wollen. Wenn Sie einen großen Kompostierungsbehälter verwenden, muß der Toilettensitz direkt oberhalb des Behälters angebracht werden, wie es der Hersteller vorschreibt. Zwischen Behälter und Boden müssen Isolierplatten gelegt werden (beispielsweise bitumenbeschichtete Styroporplatten). Teile, die eventuell über den hinteren Teil des Toilettenhäuschens hinausragen, können durch ein entsprechendes Überdach geschützt werden.

Ständerwerk

Die senkrechten Kanthölzer 45 × 95 mm werden auf der Schwelle angerissen. Die Eckständer bestehen aus zwei Kanthölzern. Zur Verstärkung dienen Klötze in den Ecken, die eine gute Unterlage für die Eckbretter der Außenverkleidung darstellen. Machen Sie oben an den Kanthölzern eine Aussparung für die Dachbalken 45 × 145 mm.

Beginnen Sie mit den Eckständern. Die vorderen werden Kante an Kante gestellt, während die hinteren mit der Schmalseite auf eine Breitseite genagelt werden. Die hinteren sollten 2,20 m hoch sein, damit die spätere Stehhöhe etwa 1,90 m beträgt. Die Kanthölzer und Eckständer werden mit schräg eingeschlagenen, feuerverzinkten, flachköpfigen Drahtnägeln 100 × 134 und 125 × 40 auf der Schwelle befestigt. Die Eckpfosten werden mit der Wasserwaage ausgerichtet und mit schrägen Latten von außen provisorisch fixiert. Messen Sie zur Kontrolle den Abstand zwischen den Eckpfosten, damit diese genau parallel stehen.

Verbinden Sie die Eckständer mit den äußeren Dachbalken an den Längsseiten und mit horizontalen Riegeln oder einem Rähm an den Schmalseiten. Das Fachwerk kann nun durch senkrechte Kanthölzer und waagerechte Riegel, wie es das Bild zeigt, ergänzt werden. Eine passende Fenstergröße wäre beispielsweise 400 × 600 mm. Waagerechte Riegel werden durch schräg eingeschlagene Nägel befestigt.

Das Fachwerk des Häuschens kann diagonal auf verschiedene Arten verstärkt werden: Mit Diagonalstreben an den Eckständern, mit überkreuzten Metallbändern schräg zwischen den Ecken unter den Paneelen oder durch Wandplatten.

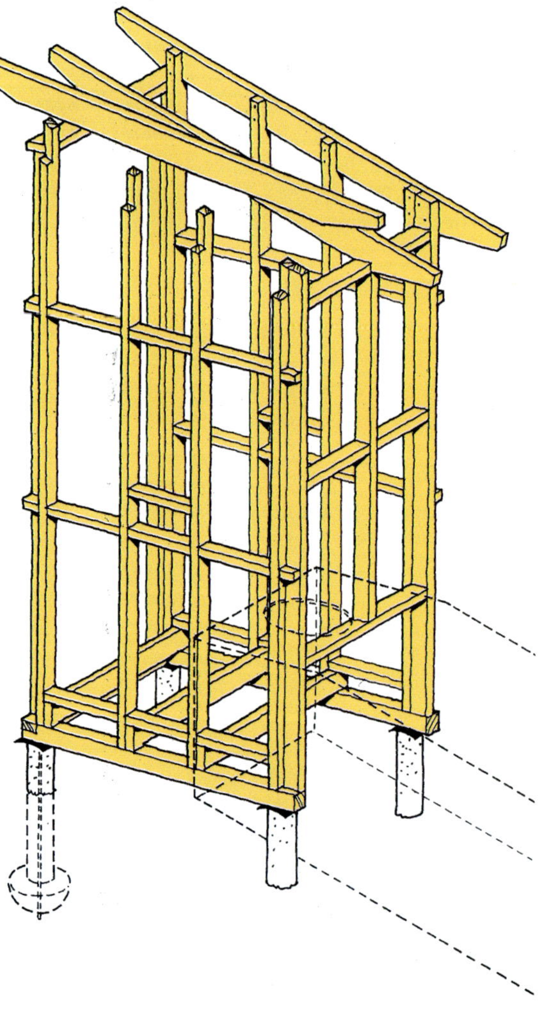

Hier sehen Sie das Toilettenhäuschen im Bau. Es hat eine Breite von 1,20 bis 1,50 m und eine Länge von 1,8 bis 2 m. Die Pfahlfundamente sind relativ hoch und an die Maße des Behälters und die Neigung des Geländes angepaßt. Bevor die Außenverkleidung aufgenagelt wird, isolieren Sie alles mit windabdichtender Pappe.

Tür

Normalerweise verwendet man eine Tür, wie bei einem Schuppen üblich. Eine solche können Sie aus Nut- und Federbrettern der Abmessungen 28 × 120 mm selbst herstellen. Das Türblatt wird 700 mm breit, versehen Sie es mit zwei waagerechten Querstreben 34 – 45 × 70 mm, wie es das Bild auf Seite 44 zeigt. Damit die Tür stabil wird, befestigt man eine Diagonalstrebe zwischen den Querstreben von schräg unten nach oben. Beachten Sie, wie die Diagonalstrebe in die Querstreben eingelassen wurde. Leimen und nageln sie von außen mit Nägeln 60 × 23 oder 75 × 28. Biegen Sie eventuell hinten herausstehende Nägel um und versenken die Enden mit einem Versenker im Holz. Zwei 600 mm lange Hakenscharniere aus feuerverzinktem Flacheisen 6 × 30 mm werden von außen festgeschraubt. Das Scharniereisen befestigen Sie mit durchgehenden Maschinenschrauben und Muttern. Ein passendes Türfutter erhält man aus zwei senkrechten Kanthölzern, einem Falz durch eine gehobelte Leiste 16 × 45 – 70 mm, die verleimt und vernagelt wird.

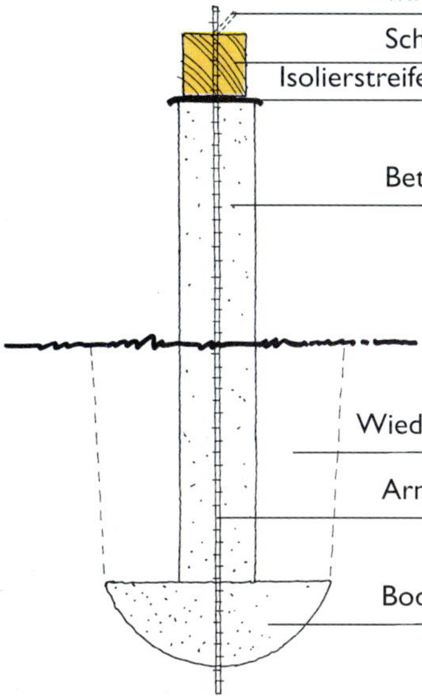

Pfahlfundamente

Die Betonpfähle sollten auf festem Untergrund ruhen, der nicht durch Frostbewegungen beeinträchtigt wird. Graben Sie ein Loch und gießen Sie eine Bodenplatte aus Beton. Drücken Sie in der Mitte ein Baustahleisen ein. Dies sollte so lang sein, daß es noch 15 cm aus dem fertigen Betonpfahl herausragt. Die richtige Höhe wird mit einer Wasserwaage und einer langen Richtlatte ausgemessen. Markieren Sie die Höhe am Armierungseisen mit Klebeband. Setzen Sie Pappformen mit einem Durchmesser von 150 mm auf die Betonplatte, so daß das Baustahleisen mittig steht. Füllen Sie die Erde rund um die Formen auf und gießen Sie Beton bis an die Klebebandmarkierungen in die Röhren.
Zwischen der Holzschwelle und den Betonpfeilern wird eine Isolierschicht aus Asphaltpappe gelegt, damit das Holz nicht von unten verrottet. Bohren Sie ein Loch für das Armierungseisen in die Schwelle. Sägen Sie das Eisen ein Stückchen oberhalb der Schwelle ab, biegen und stauchen Sie das herausragende Eisen auf der Oberseite der Schwelle, wodurch diese auf den Fundamenten befestigt wird.

Dach

Das Dach, ein sogenanntes Pultdach, kann auf verschiedene Weise eingedeckt werden. Mit Blech, Dachpappe oder Dachpfannen. Hier benutzen wir eine Unterschalung aus Rauhspund 17×95 mm, die auf den drei Dachbalken vernagelt wird. An den Seiten und an der Traufe lassen wir einen Überstand von etwa 300 mm. Darauf wird Unterpappe in der Qualität YAM 2000 mit genagelten und geklebten Stößen gelegt. Darauf kommt die Verlattung und Dachpfannen nach den Anweisungen des Herstellers. Die Dachpappe wird an den langen Seiten und an der Giebelseite mit Dreikantleisten unterlegt. Die Windfedern werden von außen auf die Dreikantleisten und eine eventuelle Hilfsleiste aufgebracht, letztere wurde unter die Unterschalung genagelt. Zum Schluß montieren Sie die Winkelabdeckbleche (Ortgangbleche).

Fassade

Die Außenwand besteht aus einer Verschalung mit Deckleiste. Auf die Außenseite des Fachwerks wird eine Windabdichtung aus Pappe oder Plattenmaterial aufgebracht. Wurde die Fassade auf dünne waagerechte Distanzlatten aufgenagelt, wird die Rückseite belüftet. Das hat zur Folge, daß die Fassadenverschalung einen niedrigen Feuchtigkeitsgehalt hat und die Farbe eine bessere Haftung erhält.
Die Außenverschalung 22×145 mm wird mit einem Nagel in der Mitte auf den waagerechten Riegeln, der Schwelle und den Dachbalken befestigt. Die Stöße werden mit einer Abdeckleiste 22×34–45 mm abgedeckt. Benutzen Sie flachköpfige feuerverzinkte Nägel 45×28 und 100×34.
Fenster und Türen erhalten ein Futter 22×95 mm und Traufbleche. Über Fenster und Türen werden zur Befestigung der Außenschalung weitere Riegel zwischen den Ständern befestigt. Zum Schluß streichen Sie alles mit Faluner Rot oder Ölfarbe.

Ein einfacher Toilettendeckel.

Brunnenhäuschen

Um ein nostalgisches Ambiente zu schaffen, muß man auch auf Details achten. Dazu gehören das Aussehen des Zaunes, des Gartentores, der Veranda und – wenn man einen Brunnen hat – des Brunnenhäuschens. Zusammen mit der Ausführung des Haupt- und Nebenhauses tragen solche Details dazu bei, einen alten Garten ursprünglich und charmant aussehen zu lassen.

Leider sieht man oft ältere Zäune mit ausgesägten Zierspitzen, die traurig vor sich hinrotten. Viele hübsche alte Gartentore mit rostigen Beschlägen hängen schief oder sind ganz in sich zusammengefallen. Brunnen haben nur noch einen langweiligen Betondeckel …

Kümmern Sie sich um das Gesamtbild Ihres alten Besitzes. Alle diese Teile können restauriert und erhalten oder nachgebaut werden, wenn sie schon zu zerfallen sind. Das alte Zauntor kann beispielsweise als Vorlage genommen und kopiert werden. Manchmal haben die Scharniere eine spezielle Form. Sind sie rostig, können sie sandgestrahlt und feuerverzinkt oder mit Rostschutzfarbe und Lack gestrichen werden.

Diese Beschreibung zeigt, wie ein Brunnenhäuschen im alten Stil gebaut werden kann. Hier nimmt man für das Fundament einen großen Betondeckel.

Ständerwerk

Die angegebenen Abmessungen beruhen auf dem Standardsortiment der Holzhandlungen. Da es am Brunnenhäuschen Teile gibt, für die ein Fäulnisrisiko besteht, beispielsweise der Deckel und das untere Ständerwerk, muß Fichtenkernholz oder druckimprägniertes Holz der Klasse AB benutzt werden. Die verzierte Dachkante, der Handgriff und die Schmuckkonsolen werden aus gerade gemasertem Kiefernholz guter Qualität hergestellt.

Im Materialverzeichnis sind die Abmessungen und Längen für dieses Brunnenhäuschen angegeben. Kleinere Abweichungen können vorkommen, wenn man ungehobeltes, plangehobeltes oder glattgehobeltes Holz verwendet. Der Aufbau entwickelt sich oft unterschiedlich, so daß die Längen später eventuell angepaßt werden müssen. Geben Sie beim Kauf daher ordentlich Verschnitt hinzu, und sägen Sie die Teile beim Bau des Brunnenhäuschens auf Maß.

Material für das Brunnenhaus

Die Längen enthalten einen Verschnitt von etwa 100 mm. Schwund ist dabei nicht berücksichtigt.

Bezeichnung	Maße (mm)	Länge (mm)	Anzahl
A. Riegel	45×95	700	8 Stück
B. Eckständer	70×70	1750	4 Stück
C. Ständer	45×70	1750	2 Stück
D. Obere Riegel	45×70	700	4 Stück
E. Brunnenwinde	ø 120	600	1 Stück
F. Traufen	22×95	1030	4 Stück
G. Dachriegel	45×95	1030	4 Stück
H. Stützunterlage	22×95	600	1 Stück
I. Dachbalken	45×70	ca. 800	4 Stück
J. Mittelstütze	70×70	550	1 Stück

Bezeichnung	Maße (mm)	Länge (mm)	Anzahl
K. Paneele	22×170	640	20 Stück
L. Hölzer für den Brunnendeckel	22×95	700	7 Stück
M. Traufkanten	16×95	1062	4 Stück
N. Dachreiter			
O. Leisten	16×45	872	4 Stück
P. Leisten	22×95	890	4 Stück
Q. Unterleisten	22×70	700	4 Stück
Handgriff			1 Stück
Konsolen			8 Stück

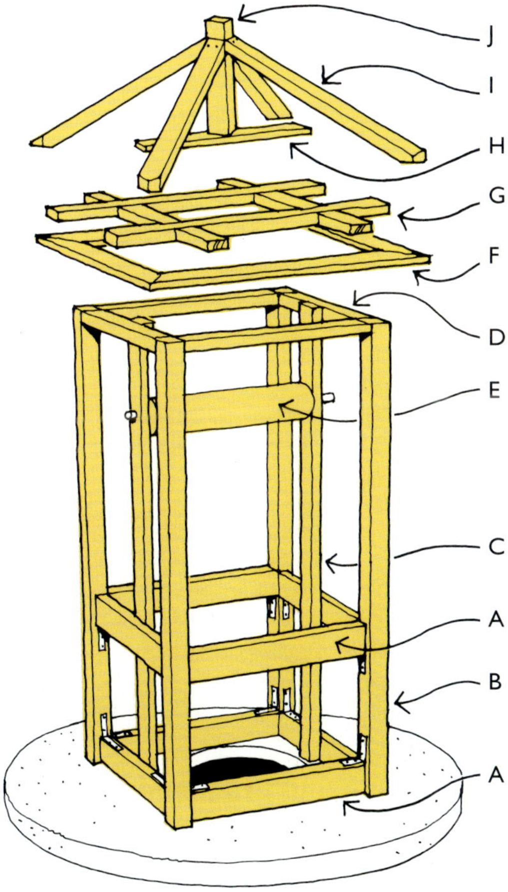

Beginnen Sie damit, die Eckständer (B) mit den untersten Riegeln (A) und den obersten (D) zu verbinden. Für die Paßgenauigkeit ist es wichtig, daß die Hölzer exakt rechtwinklig gekürzt werden. Zum Aufriß benutzen Sie einen Tischlerwinkel. Die dekorativen Kantenfasen werden im 45-Grad-Winkel vor der Montage gehobelt oder gefräst.

Die übrigen Riegel (A) werden in 640 mm Höhe befestigt. Zwei Seitenteile können zunächst auf dem Boden liegend zusammengenagelt werden. Vernageln Sie schräg und setzen Sie zur Verstärkung zwischen (A) und (B) kräftige Winkelbeschläge ein. Wenn man bei der Montage zu zweit ist, ist die Arbeit leichter.

Die Brunnenwinde

Die Brunnenwinde (E) ist in diesem Fall eine Walze aus Holz mit einer gußeisernen Kurbel von einer alten Wäschemangel. Kurbel und Achse kann man bei einem Schmied oder in einer Metallbauwerkstatt miteinander verschweißen lassen. Die Holzwalze wird aus zwei Stücken aus gehobelter Fichte von 45×95×600 mm zusammengeleimt und -geschraubt. In den beiden Teilen muß eine Nut für die Achse eingelassen werden. Benutzen Sie wasserfesten Leim. Geben Sie der Walze mit dem Hobel eine achtkantige Oberfläche. In die Ständer (C) müssen Buchsen aus Rohrstücken, die auf die Metallachse der Winde passen, eingesetzt werden. Die beiden Ständer (C) werden gegen die Teile (A) und (D) genagelt. Benutzen Sie einen verzinkten Metalleimer und eine dünne Kette, so daß der Eimer leicht nach unten sinkt und sich mit Wasser füllt.

Dach

Oben werden vier Riegel (G) festgenagelt. Sie dienen auch als Befestigung, falls Sie eine Innendecke zwischen den Riegeln vorsehen (D).
Damit die äußeren Enden der Riegel (G) alle auf gleicher Höhe sind, werden sie mit einer Plattenverbindung verbunden. Bei dieser sind beide Holzteile bis zur Hälfte ausgespart (siehe Abbildung Seite 49). Reißen Sie alle acht Aussparungen auf, die angefertigt werden müssen. Nehmen Sie dazu einen Tischlerwinkel und ein Lineal zur Hilfe. Sägen Sie ein, stechen Sie mit einem flachen Stemmeisen das überflüssige Holz fort, und glätten Sie mit einer groben Feile.
Die Traufe (F) wird unter den überstehenden Enden der Riegel (G) befestigt. Die Ecken werden mit Gehrung aneinandergefügt.

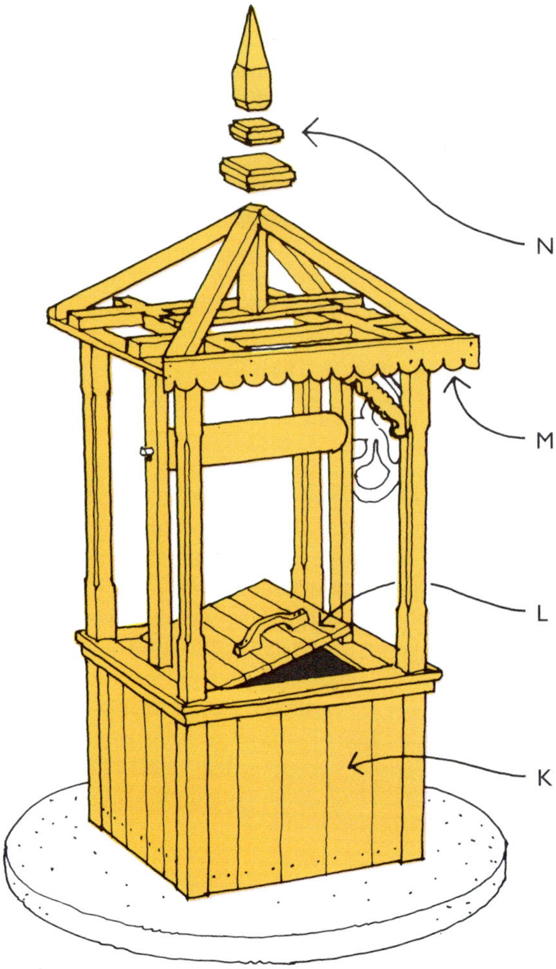

Auf den Riegeln (G) befestigt man eine Stützunterlage (H), auf der die Mittelstütze (J) der Dachkonstruktion ruht. Schneiden Sie die vier Dachbalken (I) so zu, daß sie perfekt passen, und zwar sowohl an der Mittelstütze (J) als auch an den Ecken der Dachtraufe (F). Wenn die Winkel abgenommen werden müssen, ist eine sogenannte Schmiege sehr hilfreich. Eine Schmiege ist ein einstellbarer Tischlerwinkel.
Die Dachbalken werden festgenagelt und der überstehende Teil der Mittelstütze abgesägt. Genauso werden die überstehenden Enden der Dachbalken an Ort und Stelle bündig mit der Kante der Dachtraufe versäubert.
Die Verzierung der Traufe (M) wird mit Hilfe einer kleinen Dose als Schablone aufgezeichnet und mit einer elektrischen Stich- oder Bandsäge ausgeschnitten. In früheren Zeiten wurde eine Bogensäge mit feinem Sägeblatt dazu benutzt, und das funktioniert auch heute noch gut. Die Ecken der Traufkanten werden mit Gehrung zusammengefügt und an den Teilen (F), (G) und (I) festgenagelt.
Als Unterschalung für das Dach werden Rauhspundbretter 17×95 mm verwendet. Das unterste Brett soll die Traufkante ein paar Zentimeter überragen, damit das Wasser gut ablaufen kann. Entfernen Sie hier die Nut mit dem Hobel. Beginnen Sie mit den untersten Brettern und reißen den schrägen Kürzungsschnitt an. Danach werden die Bretter vernagelt. Den Winkel reißen Sie am besten mit einer Schmiege auf.
Der Rand des Daches kann auch mit einem „Knick" wie bei einem chinesischen Pagodendach ausgeführt werden. In diesem Fall erhalten die Dachbalken unten vier flache Keile, wodurch das Dachprofil unten einen hübschen Schwung bekommt.
Das Dach wird mit dicker Dachpappe aus vier dreieckig zugeschnittenen Stücken eingedeckt. Sie werden mit 20 mm langen verzinkten Pappnägeln vernagelt und verklebt. Biegen Sie die Pappe über das unterste Dachbrett und befestigen Sie diese mit einigen Pappnägeln. Die Eckstöße werden mit 10 mm breiten Streifen abgedeckt, die vernagelt und/oder verklebt werden. Der obere Teil des Daches deckt man mit einem quadratischen, überlappenden Pappstück ein. Befestigen Sie zwischen den Riegeln (D) eventuell eine Innendecke.

Verkleidung und Brunnendeckel

Der untere Teil des Brunnenhauses wird mit ungehobelten Außenpaneelen (K) verkleidet, die

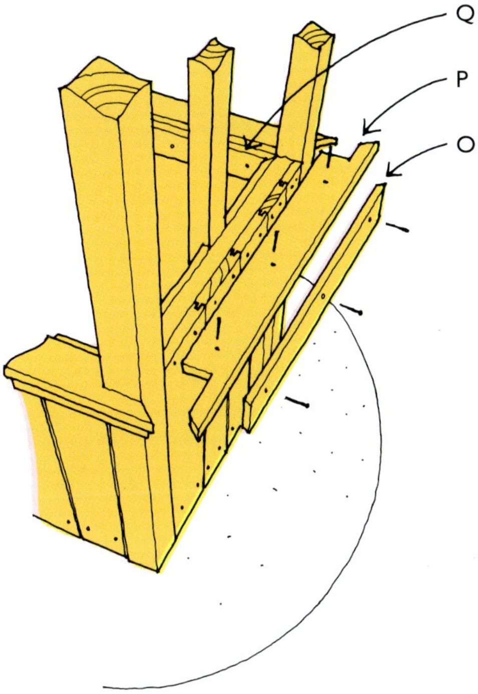

man auf den Riegeln (A) vernagelt. Sägen Sie die Bretter unten schräg an, damit Sie eine Tropfkante erhalten. Sättigen Sie das Kopfholz mit Leinöl. Die Paneele decken Sie oben mit den Leisten (O) und (P) ab, die an den Ecken mit Gehrung zusammengefügt werden (siehe Detailansicht). In die oberste Abdeckung werden Ausschnitte für die Eckständer gemacht. Bevor die Abdeckungen an ihren Plätzen angenagelt werden, werden die Kanten leicht angefast und das Holz mit dem Endanstrich versehen. Die Stöße dichten Sie mit Fugenmasse ab.

Der Deckel (L) wird aus sieben Hölzern zusammengesetzt. Diese ruhen auf den Leisten (Q), die rund auf der Innenseite des Brunnens angebracht wurden. Die beiden äußeren Teile des Deckels werden vernagelt. Hier macht man die Aussparungen für die Ständer (C). Den losen Deckel stellen Sie aus fünf Stücken (L) her, die durch zwei darunterliegende Querhölzer 22×45 ×490 mm zusammengehalten werden.

Der Deckel wird mit Scharnieren und einem Verschluß für ein Vorhängeschloß versehen. Denken Sie an die Gefahr für spielende und neugierige Kinder und benutzen Sie unbedingt ein Schloß.

Dachreiter

Oben auf dem Brunnenhäuschen muß man einen dekorativen Abschluß in Form eines Dachreiters anbringen (genauso wie beim Lustpavillon und beim Gewächshaus weiter hinten im Buch). Dieser Dachreiter wurde aus drei Teilen zusammengesetzt: Ein oberes Teil, welches 70×70×270 mm mißt, ein Zwischenstück von 45×95×95 mm und ein unteres Teil von 34× 170×170 mm. Das oberste Teil wird nach oben hin konisch zulaufend mit gefasten Außenkanten zurechtgehobelt. Bohren Sie ein Loch durch die Teile vor und schlagen Sie einen langen Nagel von unten herein. Der Dachreiter kann dann angemalt und mit einem Klecks Bitumenkleber oben auf dem Dach befestigt werden.

Handgriff und Konsolen

Der Handgriff wurde aus einem Holzstück der Abmessungen 34×70×270 mm hergestellt. Er wird von unten durch den Deckel festgeschraubt.

Die Konsolen unter dem Dach – acht Stück in der gleichen Grundform – sind dieselben wie beim Lustpavillon auf Seite 64. Sie werden mit einer elektrischen Stich- oder Bandsäge ausgeschnitten. Für die Konsolen benötigt man Holz in den Abmessungen 28–34×95×325 mm.

Streichen Sie das Brunnenhäuschen mit Ölfarbe. Wählen Sie einen Farbton, der zur umliegenden Bebauung paßt. Eckständer, Konsolen und Traufkante können in Weiß oder einem hellen Grau gestrichen werden. Die Wandverkleidungen streichen Sie in einer Kontrastfarbe, beispielsweise in Faluner Rot.

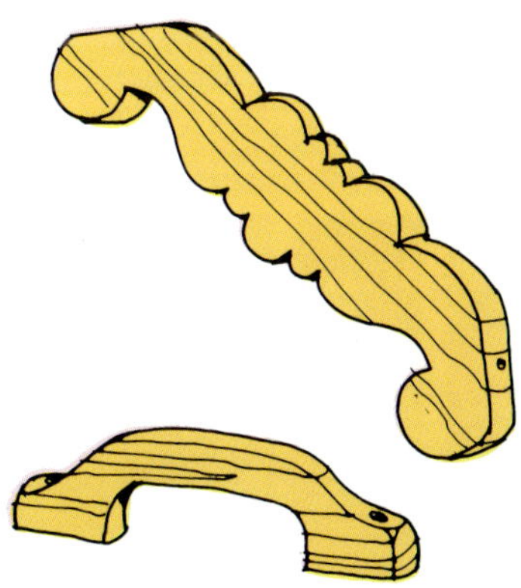

Gartenpavillon der Jahrhundertwende

Rund um das Städtchen Ronneby Brunn gibt es eine ganze Reihe romantische alte Bauwerke. Wir entdeckten diesen Gartenpavillon aus der Zeit der Jahrhundertwende in einem dichtbelaubten Garten.

Er inspirierte uns dazu, eine Bauanleitung für einen etwas kleineren Gartenpavillon zu entwickeln, der in Schweden – wie ein kleiner Schuppen – ohne Baugenehmigung errichtet werden kann.

Solch ein Gartenpavillon kann neben einem Wohn- oder Freizeithaus viele Funktionen erfüllen. Während der kalten Jahreszeit dient er als Aufbewahrungsort für die Gartenmöbel, Geräte, Fahrräder oder die Schubkarre. In der warmen Jahreszeit ist er eine schöne Laube zum Ausruhen oder für das traditionelle schwedische Krebsessen. Durch einen dazu rechtwinklig angelegten Plankenzaun oder eine Hecke schafft man sich einen Freisitz mit Sichtschutz.

Fundament

Ein einfaches Fundament kann mit gegossenen Betonplatten oder, wie die Abbildung zeigt, mit einem Sockel aus Hohlblocksteinen hergestellt werden. Da die Firsthöhe drei Meter nicht überschreiten darf, müssen Sie darauf achten, daß das Fundament nicht zu hoch wird. Zuerst markieren Sie die exakte Lage des Hauses mit vier Eckpfosten. Messen Sie zur Kontrolle auch diagonal. Wenn die Diagonalmaße übereinstimmen, sind die Ecken genau rechtwinklig.
Nun können acht Pfosten außerhalb der Ecken eingeschlagen werden, nach denen vier Schnüre

Ein Gartenpavillon von 10 m² Grundfläche kann auf unterschiedliche Weise gebaut werden. Vorbild für diesen Bau war ein Gartenpavillon der Jahrhundertwende.

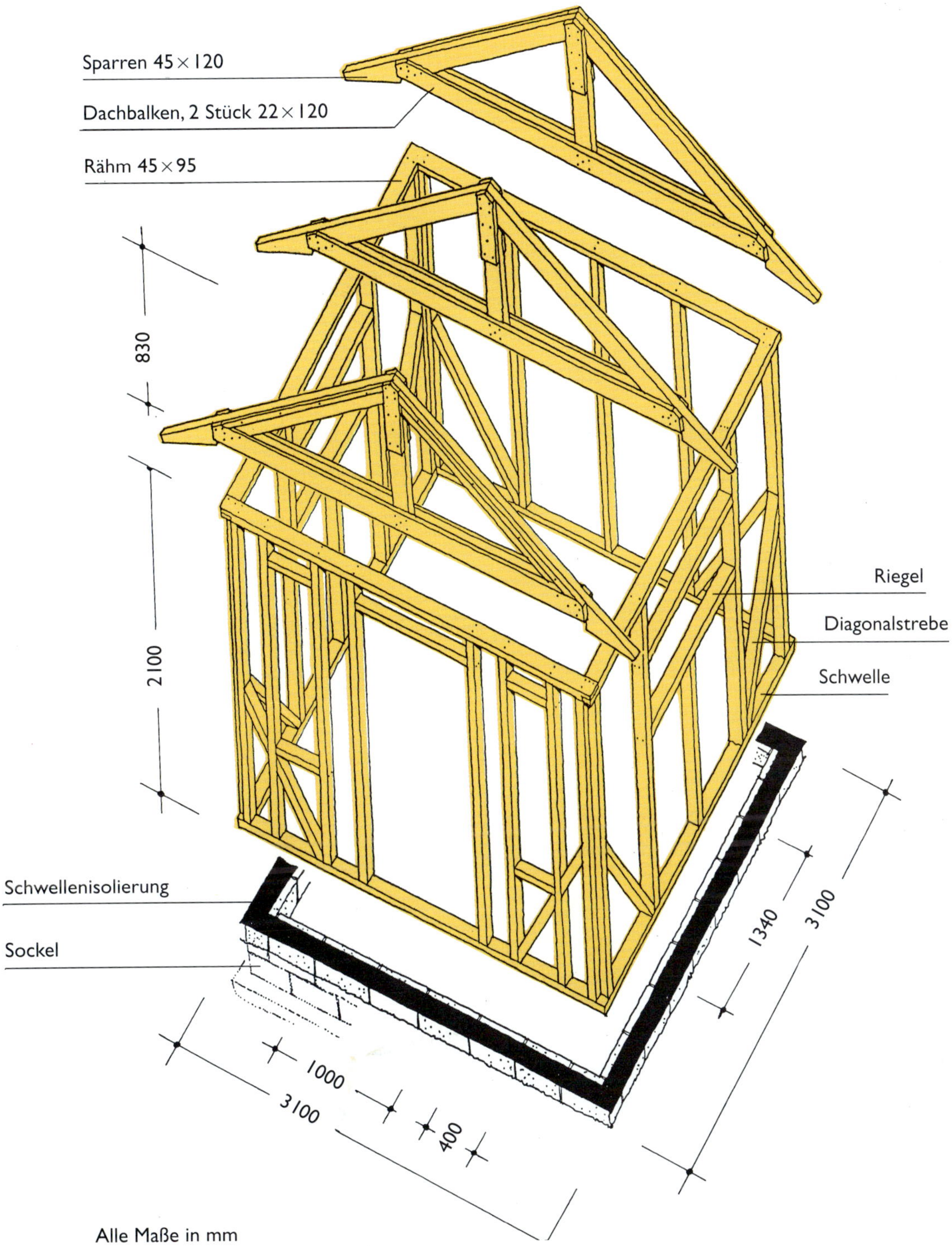

Alle Maße in mm

über die Außenkanten hinaus gespannt werden. Die Schnüre kreuzen sich so in den Ecken. Beseitigen Sie den gesamten Mutterboden und graben an den Außenkanten eine Vertiefung. Dort hinein werden Steine gelegt und ein Betonsockel gegossen, der durch einige längslaufende Armiereisen bewehrt werden kann. Passen Sie das Niveau so an, daß als Sockel zwei oder drei Lagen Betonsteine ausreichen. Kontrollieren Sie mit einer langen Wasserwaage, ob die Grundmauer waagerecht geworden ist. Der Innenraum kann mit kapillarbrechendem Schotter, einer Textilbahn als Trennschicht und einer dünnen Betonplatte, die mit Gitterbaustahl bewehrt wird, befestigt werden. Alternativ können gewöhnliche kleine Betonplatten oder Betonpflaster, beispielsweise solche für Gartenwege, als Boden gelegt werden. Die Konstruktion kann von unten mit Bodenisolierungsplatten gegen Kälte isoliert werden.

Fachwerk

Das Fachwerk wird aus gehobelten Kanthölzern 45×95 mm errichtet. Die Schwelle kann auf der Grundmauer beispielsweise mit Dübeln und Schrauben befestigt werden. Dafür bohren Sie Löcher in den Sockel und drücken in die Bohrungen Kunststoffdübel ein, so daß die Schrauben Halt finden. Gegen aufsteigende Feuchtigkeit wird zwischen Steinsockel und Schwelle eine Isolierschicht aus Asphaltpappe gelegt.

Reißen Sie die Standorte der senkrechten Kanthölzer an. In den Ecken werden zwei Kanthölzer Kante an Kante gestellt. Diese können mit Eisenwinkeln oder Holzklötzen miteinander verbunden werden. So erreicht man stabile Eckverbindungen und hat eine gute Unterlage zur Befestigung der Innenwandverkleidung. Beginnen Sie damit, die Ecken aufzustellen. Richten Sie die Ecken mit der Wasserwaage senkrecht aus und nehmen Sie zur provisorischen Befestigung Latten, die die Eckpfosten schräg abstützen. Kontrollieren Sie die Ausrichtung der Eckständer. Befestigen Sie das aufliegende Rähm. Danach können die übrigen senkrechten Ständer zwischen Schwelle und Rähm angebracht werden. Unten erreichen Sie eine gute Verbindung durch schräg eingeschlagene Nägel aus verzinktem Eisen. Oben nageln Sie durch das Rähm in die Ständer. Fertigen Sie Diagonalstreben aus Kanthölzern an, und befestigen Sie diese in den Ecken und an den Tür- und Fensteröffnungen, wie in der Abbildung auf der vorhergehenden Seite.

Dach

Die Sparrengebinde werden aus Sparren der Abmessungen 45×120 mm und zwei Bohlen der Abmessungen 22×120 mm gefertigt. Die Mittelstiele bestehen aus Kanthölzern 45×95 mm. Die Verbindungslaschen, die auch waagerecht angebracht werden können, werden aus 22×95–120 mm starkem Holz angefertigt. Zur Montage auf dem Rähm werden gegebenenfalls passende Aussparungen gemacht. Die Traufe hat einen Überstand von ca. 30 cm.

Die Sparrengebinde an den Giebelseiten werden mit einer 22 mm starken Leiste auf den Außenrahmen aufgefüttert und dann mit schräg eingeschlagenen Nägeln auf dem Rähm befestigt. Sichern mit Winkelbeschlägen oder Locheisenband, das um sie herumgebogen und festgenagelt wird. Das Dach wird mit Rauhspund 23×95 mm und Dachpappe oder Dachschindeln eingedeckt.

Türen und Fenster

Die doppelflügelige Tür hat die Abmessungen 100×190 cm, die Fenster 40×134 cm. Sie werden direkt im Fachwerk ohne Futter befestigt. Wenn man solche Bauteile ohne Futter herstellen läßt, sind sie bedeutend preiswerter. Die Diagonalsprossen treffen rechtwinklig aufeinander. Ein passender Falz für Türen und Fenster kann durch eine gehobelte Leiste 9×22 mm im Fachwerk eingerichtet werden. Die Leiste mit wasserfestem Leim und Nägeln befestigen. Alternativ kann auch die äußere Rahmenverkleidung das Fenster etwas überlappen, wodurch ein Falz entsteht. Deshalb wird das Fenster dann von innen montiert. Die Unterkante mit maßgefertigten und speziell abgewinkelten Fensterblechen verkleiden. Grundieren und streichen Sie die Fenster vor der Montage. Die Doppeltüren werden mit aushängbaren Scharnieren auf jeder Seite befestigt.

Giebelverzierungen

Die Giebelverzierungen und die Windfedern werden aus 34–45 mm starkem Holz angefertigt. Die Kreuzstreben (siehe Zeichenschablone) sind aus 70 mm breitem Holz, während das untere Teil der Windfeder aus 95–120 mm breitem Holz ist und unter der hervorstehenden Giebeltraufe befestigt wird.

Die darüberliegende obere Windfeder hat die Maße 22×70 mm. Darauf wird ein Winkelabdeckblech montiert. Zwei vorstehende Stützkonsolen tragen die Windfedern. Die Konsolen werden am Fachwerk und am Rähm befestigt. Die Konturen des Giebelschmuckes werden mit einer elektrischen Stichsäge ausgesägt. Benutzen Sie ein neues scharfes Sägeblatt und üben Sie nicht zuviel Druck aus. Das Muster auf der dünneren Wellenkante an den Längsseiten des Pavillons hat einen Radius von 50 mm.

Fassade

Die Wände werden mit einseitig gefasten Nut- und Federbrettern 16×95 – 120 mm verkleidet, die man waagerecht auf dem Fachwerk vernagelt. Die Außenseite dieser Bretter ist ungehobelt, was einen guten Haftgrund für den Anstrich gibt, ganz gleich, ob Sie Faluner Rot oder Ölfarbe benutzen.

Futter- und Eckleisten werden aus plangehobeltem Holz 22×95/100 mm angefertigt, wobei die ungehobelte Seite nach innen gelegt wird. Streichen Sie die Wände und die Futter- und Eckleisten jeweils einzeln und vor der Montage.

Gartenpavillon der Jahrhundertwende

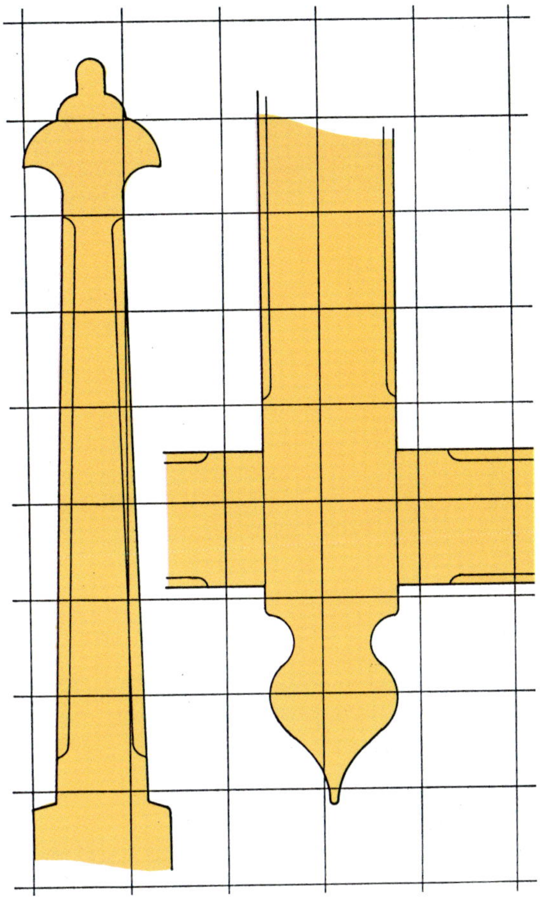

Für solche Details in Holz nimmt man dichtgewachsenes Kiefernholz mit gerader Maserung. Das Kreuz wird in halber Stärke überplattet. Die Kanten mit dem Hobel, Stemmeisen, Feile oder einer Handoberfräse anfasen. Grundieren Sie das Holz sorgfältig mit Öl, sättigen dabei das Kopfholz vor der Montage und dem Anstrich mit der Grundierung. Jedes Quadrat in dieser Schablone entspricht 50×50 mm.

Gartenpavillon des 18. Jahrhunderts

Ist er nicht schön, der alte Gartenpavillon aus der Mitte des 18. Jahrhunderts? Erbauen ließ ihn Johann Gustav Wahlbom, Arzt, Botaniker und Schüler des weltbekannten Naturforschers Linné.

In unserer Baubeschreibung hat der Pavillon eine Grundfläche von 10 m^2. Die Firsthöhe von 375 cm ist um 75 cm höher als für einen Gartenschuppen erlaubt, weshalb vor dem Baubeginn mit der kommunalen Baubehörde Kontakt aufgenommen werden muß. Paßt der Pavillon in seine geplante Umgebung, würden Sie in Schweden sicher eine Baugenehmigung bekommen.

Ortswahl

Ein wichtiger Punkt ist, wie und wo ein solches Bauwerk plaziert wird. Das Gebäude kann vielleicht noch durch eine Holzterrasse rundum, welche durch ein niedriges Geländer begrenzt wird, ergänzt werden. Ein schlichtes offenes Geländer, beispielsweise mit Kreuzen zwischen

den Pfosten, würde hier passen. Hat das Wohn- oder Freizeithaus die geeignete Form, können zwei kleine als Pavillons ausgeformte Flügel symmetrisch angebaut werden. Der Pavillon kann auch mit einer Plankenwand oder eine Hecke kombiniert werden, wodurch ein geschützter Freisitz entsteht.

Bauausführung

Der Gartenpavillon läßt sich auf unterschiedliche Art und Weise bauen, das Ergebnis ist aber immer dasselbe. Das Fundament kann aus Pfahlfundamenten oder einer Grundmauer bestehen. Die Grundmauer dient als Träger für eine Lage Fußbodenbalken (belüfteter niedriger Kriechkeller). Dieser wird mit einer erhöhten Betonplatte ausgeführt. Boden und Wände aus 45×95 mm Fachwerk kann man isolieren. Die Innendecke kann bis in den Giebel hinaufreichen oder mit einer waagerechten Zwischendecke mit einer Stehhöhe von 2,1 m ausgeführt werden. Das Dach können Sie mit zwei Lagen Dachpappe oder Schindelplatten eindecken. Eine einfache Lage Dachpappe deckt man mit schwarzgeteerten Brettern ein, wie beim Walblomschen Gartenpavillon geschehen. Die Fenster können rechtwinklig oder mit abgerundetem Oberlicht ausgeführt werden. Die Tür in den Abmessungen 90×200 cm läßt sich mit verglastem Sprossenfenster oder aus Paneelen mit einem kleinen Fenster ausführen.

Pfahlfundamente und Schwelle

Die Schwelle ruht auf sechs gegossenen Betonpfeilern, wie auf der Abbildung zu sehen. Die Ecken der Schwelle werden überplattet. Die Enden der Mittelschwelle in die umlaufende Schwelle oberhalb eines Fundamentspfahles einlassen. Nehmen Sie als Verstärkung Winkelbeschläge, die mit Kammnägeln befestigt werden. Ein solches gut belüftetes Fundament muß ausreichend hoch über dem Boden liegen. Die Fundamentspfähle sollten deshalb den Boden um mindestens 100 – 150 mm überragen.

Fußbodenbalken

Sechs Fußbodenbalken werden mit Nägeln und einem Mittenabstand von 600 mm auf der Schwelle befestigt. Damit die Oberkante der Tür unter die Traufe paßt, erhalten die Fußbodenbalken einen sogenannten Wechsel, wodurch vor der Innenseite der Tür der Fußboden niedriger liegt. Auf der Abbildung Seite 58 sieht man den Wechsel und wie das Ständerwerk der Wände montiert wird.

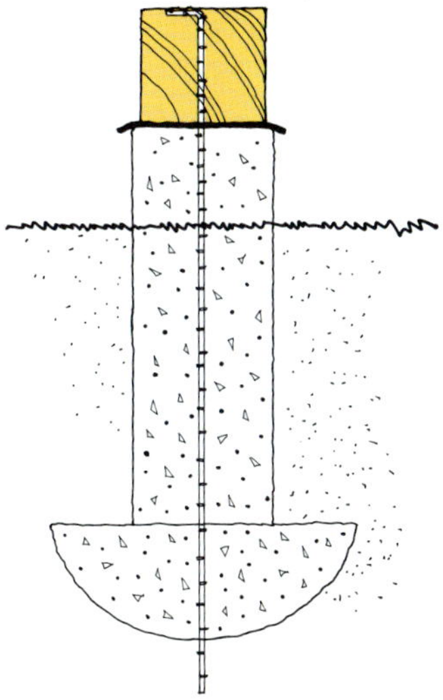

Die Pfahlfundamente benötigen einen festen Untergrund, der nicht durch Bodenfrost beeinträchtigt wird. Graben Sie ein Loch und füllen den Boden mit Beton aus. Drücken Sie ein Baustahleisen in die Mitte, das den Boden noch ein Stück überragen muß. Stellen Sie die richtige Höhe mit einer langen Richtlatte und einer Wasserwaage fest. Mit Klebeband auf dem Baustahleisen markieren. Setzen Sie Pappformen mit einem Durchmesser von 150 mm auf die Betonplatte, so daß das Baustahleisen im Zentrum steht. Füllen Sie die Erde rund um die Form wieder auf. Gießen Sie Beton bis zur Höhe der Klebebandmarkierung in die Papphröhren. Als Feuchtigkeitssperre zwischen Holzschwelle und Betonfundament wird eine Isolierung aus Asphaltpappe eingelegt, damit das Holz nicht von unten her verrotten kann. Bohren Sie ein Loch für das Baustahleisen in die Schwelle. Biegen Sie das überstehende Eisen auf der Oberseite der Schwelle um, was diese auf dem Pfahlfundament befestigt.

Fachwerk

Reißen Sie die Standorte des senkrechten Ständerwerks auf der Schwelle an. In der Ecke werden zwei Kanthölzer Kante an Kante gestellt, eines davon möglichst auf einen Fußbodenbalken. Die Kanthölzer in den Ecken werden mit Holzklötzen oder Winkeleisen verbunden. Dadurch erhalten Sie stabile Eckverbindungen und eine gute Unterlage für die Vernagelung der Innenwandverkleidung. Beginnen Sie jetzt mit dem Aufbau der Hausecken. Richten Sie die Ständer mit der Wasserwaage senkrecht aus und stützen diese provisorisch mit schräggestellten Leisten unten an der Schwelle ab. Die Ecken durch das waagerechte Rähm verbinden, das aus Kanthölzern 45×95 mm besteht. Befestigen Sie die übrigen senkrechten Ständer zwischen Schwelle und Rähm. Bringen Sie Diagonalstreben an und machen Tür- und Fensteröffnungen in das Fachwerk. Um eine gute Unterlage zur Befestigung von Plattenmaterial für die Innenwände zu erhalten, müssen eventuell waagerechte Riegel zwischen den senkrechten Ständern befestigt werden. Wird mit Nut- und Federbrettern waagerecht verschalt, benötigt man keine Riegel.

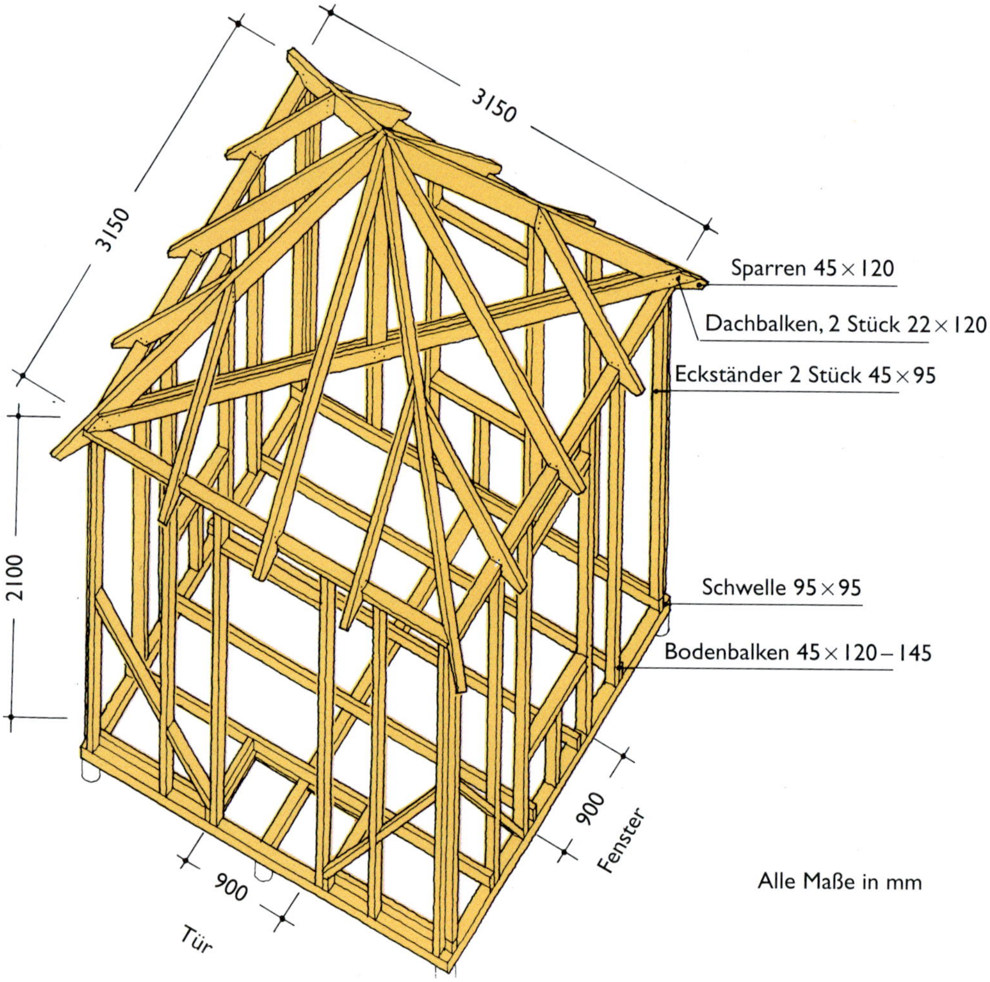

Dach

Zuerst wird ein Sparrengebinde mit einer Länge von 4,5 m und einer Höhe von 1,2 m zusammengebaut und diagonal zwischen zwei Ecken plaziert. Befestigen Sie das Sparrengebinde provisorisch mit schrägen Leisten. Die übrigen Dachsparren werden wie auf der Abbildung befestigt. Das Dach mit Rauhspund und Dachpappe eindecken. Die vier Firstkanten werden sorgfältig mit Dachpappstreifen abgedichtet, die man verklebt und vernagelt. Benutzen Sie dazu kurze verzinkte Pappnägel.

Ein altmodisches Bretterdach in Stülpschalung wird aus druckimprägniertem ungehobeltem Holz hergestellt. Nageln Sie dies als senkrecht laufende Stülpschalung auf waagerechte Distanzleisten fest, über der mit Dachpappe eingedeckten Unterschalung. Auf der Oberseite des unteren Brettes wird eine sogenannte „Regenrinne" an der Längsseite eingeschnitten. Dadurch kann das Wasser nicht über die Außenkante hinwegrinnen und wird stattdessen nach unten abgeleitet. Hierzu benutzen Sie beispielsweise eine Handkreissäge mit Seitenanschlag. Das untere Brett wird mit dem Kernholz nach unten und das obere Brett mit dem Kernholz nach oben gelegt, so daß die Bretter sich gegenseitig abdichten, wenn sie sich beim Trocknen mulden. Um das obere Brett gut vernageln zu können, legt man Klötzchen auf die Distanzleiste zwischen den unteren Brettern. Wenn die untere Bretterlage vernagelt wird, befestigt man zuerst die Deckbretter an den Firstkanten und danach die übrigen Bretter der oberen Lage der Dachschalung. Die Firstkanten werden mit schwarzen, maßangefertigten und speziell abgekanteten Abdeckblechen

versehen. Sie müssen einige Zentimeter über das Stülpschalungsdach hinausragen.
Lassen Sie die Enden der Dachschalung unten überstehen und versäubern Sie die Kante an Ort und Stelle. Bei dem alten Pavillon wurde die Traufe mit einem senkrechten Schnitt versäubert. Streichen Sie das Dach mit erhitztem Bitumen, schwarzem Asphaltbitumen oder rotbraunem Holzteer.
Soll eine Innendecke eingezogen werden, können Kanthölzer zwischen dem Rähm und dem unteren Rahmen des Sparrengebindes befestigt werden. Darunter wird eine Unterlattung 22×70 mm mit einem Mittenabstand von 300 mm aufgebracht. Auf diese Unterlattung kann Isolierung gelegt werden. Bringen Sie danach eine Innendecke an, zum Beispiel aus Stülpschalung.

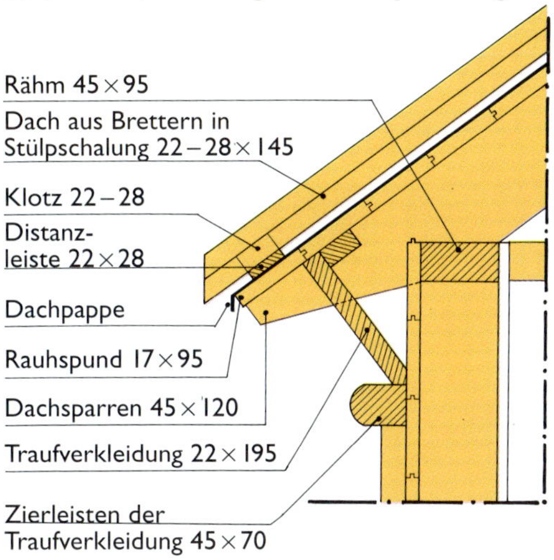

Fassade, Tür und Fenster

Am Sockel des Hauses wird am Ständerwerk ein horizontales Brett 34×145 mm angebracht. Darüber kommt ein schräggestelltes druckimprägniertes Brett oder eine Blechkante. Sie leitet das Wasser ab, das an der Fassade abläuft. Die Außenwände werden mit horizontal vernagelten Paneelen aus Rauhspund oder angefasten Nut- und Federbrettern verkleidet. Lassen Sie Öffnungen für Fenster und Türen. Dann wird die Verkleidung der Traufe mit der dazugehörigen Zierleiste angebracht. Diese Zierleiste kann hinter einem schräggestellten „Zierkeil", der über Fenstern und Türen angebracht wird, zur Verlängerung aneinandergestoßen werden. Die Bretter zur Verkleidung der Traufe lassen sich nur mit Mühe an den Ecken miteinander verbinden. Man muß eine exakte Gehrung zuschneiden, weil sie zusätzlich auch noch schräggestellt (45 + 45 Grad) sind. Geben Sie reichlich Verschnitt zu, und tasten Sie sich an den richtigen Schnitt heran. Die überstehenden Dachsparren werden in Aussparungen der Bretter der Traufenverkleidung eingelassen.
Die Einfassungen der einzelnen Felder der Wandverkleidung haben die Abmessungen 22–28×45–170 mm. Unten wird eine Abtropfkante angeschnitten, die 10 mm über dem horizontalen Wasserableitbrett oder -blech endet. So kann das Kopfholz auch angestrichen werden. Die Leisten der Brüstung haben die Abmessung 45×70 mm und eine schräggesägte oder gehobelte Oberkante. Die fünf Felder der Wandvertäfelung werden mit Vierkantstab 21×21 mm eingefaßt. Das Fenster erhält ein Futter 22×95 mm.
Die Fenster kann man öffnen, sie haben die Abmessungen 900×900 mm, mit einem Oberlicht. Das sieht gut aus, ist aber teuer! Das Oberlicht der Größe 450×900 mm kann ohne Zarge, dafür aber mit einem breiteren Bogen, bestellt werden. Holen Sie Angebote von mehreren Tischlereien ein.

Anstrich

Eine solche Fasssade ist sehr feuchtigkeitsempfindlich. Deshalb sollte man beim Bau besonders sorgfältig vorgehen. Kaufen Sie Holz von guter Qualität. Benutzen Sie Ölfarbe und grundieren mit geeignetem Öl. Bevor der Zierrat, wie Säulenattrappen, Brüstungsleisten und Viertelstäbe, angenagelt wird, muß die Holzoberfläche gestrichen sein. Bei waagerechten Stößen Dichtmasse benutzen, wo Sie vernageln. Stöße, bei denen Wasser eindringen könnte, müssen besonders sorgfältig abgedichtet werden.

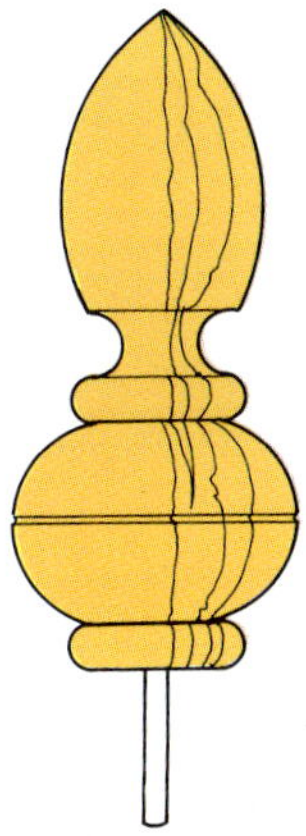

Der Dachreiter wird aus dichtwüchsigem Holz gedrechselt. Ein durchgehendes Rundeisen gibt eine gute Befestigung für den Dachreiter ab und hält einzeln gedrechselte Teile zusammen. Höhe 45 cm, Durchmesser 20 cm.

Gewächshaus

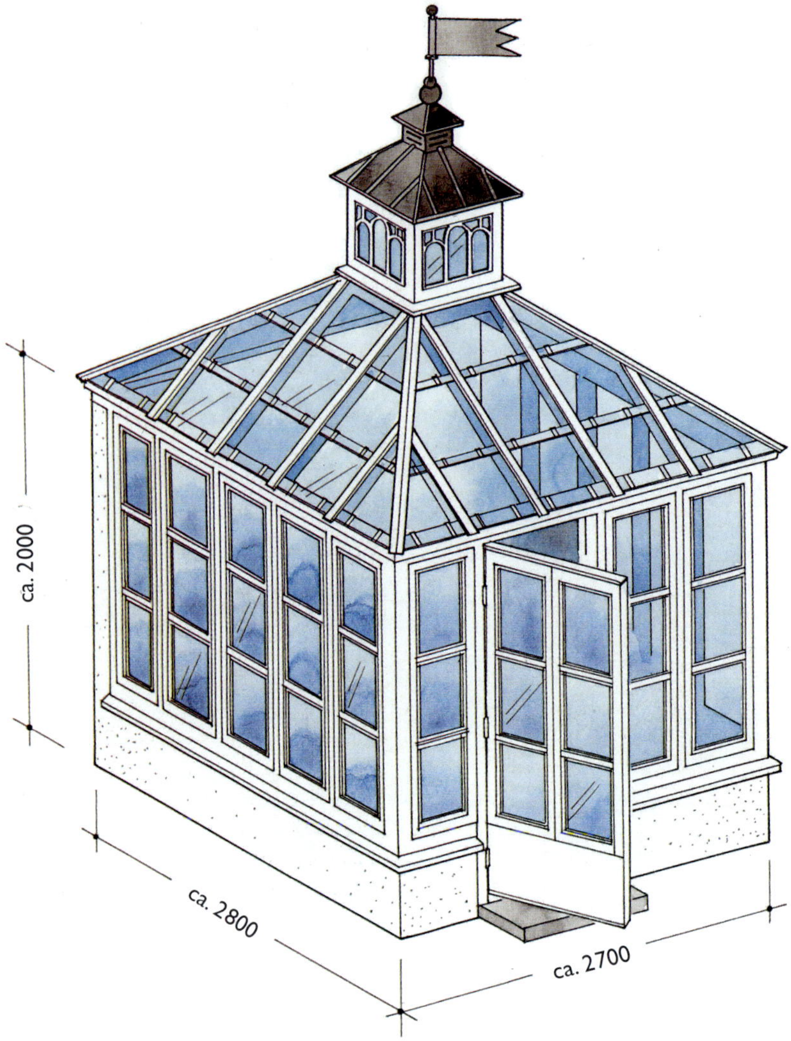

Dieses Gewächshaus wurde 1977 gebaut. Die Abmessungen waren durch 15 bereits vorhandene alte Fensterrahmen von der Größe 500 × 1500 mm vorgegeben. Wir haben nur die äußeren Fensterflügel verwendet, da sie meistens bessere Holzqualität aufwiesen als die Innenflügel. Beim Vorbild für diese Bauanleitung war die Nordseite gleichzeitig die Grenzmauer des Gartens. Diese speichert die Sonnenwärme, was den Temperaturunterschied in der Nacht ausgleicht.

Fundament

Das Fundament wird mit Betonsteinen oder Ytongsteinen erstellt. Der Untergrund muß fest sein, die Ausschachtungen mit einer Tragschicht aus Schotter auffüllen. Der Beton wird mit doppelten längslaufenden Baustahleisen verstärkt. Hinten kann die Nordmauer auf das Fundament gesetzt werden. Innen gibt es zwei Beete und einen Wasserspeicher, die aus kleineren Steinen gemauert werden.

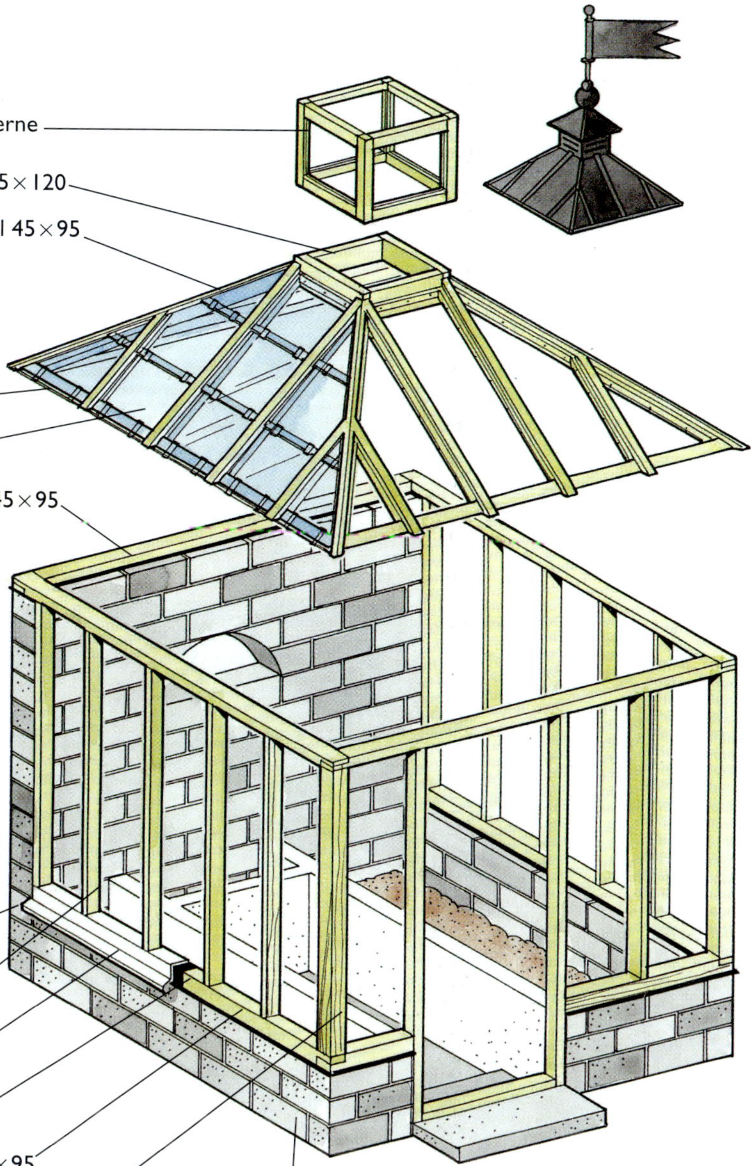

Alle Maße in mm

Benutzen Sie während der Arbeit immer wieder die Wasserwaage, damit alle Außenseiten senkrecht bzw. waagerecht werden. Verputzen Sie zum Schluß mit Fertigputz. Der Boden wird mit Betonplatten oder mit Pflaster befestigt. Damit man eine bequeme Arbeitshöhe an den Beeten erhält, wird der Laufbereich unter das Niveau der Erdoberfläche abgesenkt. Die Anbaubeete erhalten unten eine Drainageschicht aus Kies. Mutterboden sollte in einer Schicht von 300 mm aufgetragen werden.

Alles Holz für dieses Gewächshaus ist druckimprägniert und von der Klasse AB. Die kräftige Schwelle 95×95 mm wird auf dem Sockel entweder durch durchgehende Baustahleisen, die umgebogen werden, oder durch spezielle Dübelschrauben befestigt. Die Ecken der Schwelle werden überplattet.

Feuchtigkeitsschutz

Damit eine Konstruktion wie diese lange hält, benötigt man einen guten Feuchtigkeitsschutz, auch wenn das Holz druckimprägniert ist. Es ist besonders wichtig, daß das Wasser gut ablaufen kann. Das gilt auch für den Innenraum, wo die Luftfeuchtigkeit hoch ist und viel Kondenswasser entsteht. Die Schwelle wird gegen aufsteigende Feuchtigkeit durch einen isolierenden Streifen aus Asphaltpappe geschützt. Von oben schützt man sie durch ein spezielles Abtropfblech, das sowohl innen als auch außen eine Abtropfkante besitzt. Diese Bleche und auch die anderen Blechteile können bei einem Klempner nach Maß bestellt werden. Am besten wählt man Blech mit weißer Industrielackierung.

Fachwerk

Die Ständer werden durch schräg eingeschlagene Nägel auf Abtropfblech und Schwelle befestigt. Die unteren Enden der Holzständer zunächst mit Leinöl tränken, bis das Kopfholz gesättigt ist. Die oberen Enden am aufliegenden Rähm 45×95 mm befestigen. Die Ecken des Rähms werden zur Hälfte überplattet. Die senkrechten Ständer zwischen den Fenstern sind dünner, nämlich 22×70–95 mm. Die vordersten Eckständer haben die Abmessung 95×95 mm. Der Türrahmen wird aus Holz der Abmessungen 45×95 mm gemacht. Einen Türfalz erhält man, indem man eine dünne gehobelte Leiste 16×34 mm rundum aufleimt und vernagelt. Auf dieselbe Art und Weise stellen Sie die Falze für die Fenster her, aber mit noch dünnerer Leiste, beispielsweise 9×22 mm. Die Fenster werden so montiert, daß man sie abnehmen kann, wenn es Zeit für einen Neuanstrich wird. Zwischen die Unterkante der Fenster und das Abtropfblech legen Sie kleine Distanzklötzchen, damit das Holz nicht direkt auf dem Blech liegt. Die Fuge, ca. 5 mm, wird mit dauerelastischer Fugenmasse abgedichtet. Die Tür, die etwa 1 m breit ist, wurde aus zwei Fensterflügeln zusammengesetzt. Unten erhält sie einen Rahmen, der mit dünner ölbehandelter Faserplatte eingekleidet wird. Die Außenkante der Tür besteht aus einer dünnen, mit Leim und Nägeln befestigten Leiste. Diese hält die Türkonstruktion zusammen. Befestigen Sie die Tür mit drei aushängbaren Scharnieren.

Dach

Das Dach wird aus Dachsparren 45×95 mm mit ca. 30 Grad Neigung gebaut. Oben werden die Sparren gegen einen Rahmen der Abmessungen 500×500 mm genagelt.

Detailzeichnung des Daches. Seitenansicht.

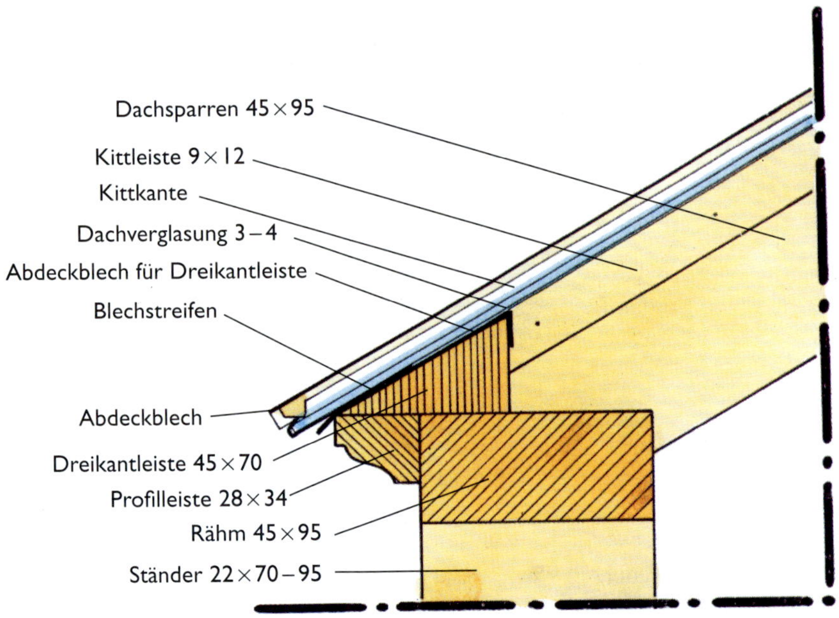

Alle Maße in mm

Hierauf kommt später die Dachlaterne. Auf der Innenseite kann der Rahmen mit Winkelbeschlägen verstärkt werden. Unten werden die Dachsparren auf dem Rähm befestigt. Die Sparren sollten das Rähm um ca. 60 mm überragen. Machen Sie Aussparungen in die Sparren, so daß sie fest auf der Innenseite des Rähms ruhen.

Zuerst wird der Rahmen, auf den die Laterne aufgesetzt wird, mit vier senkrechten Ständern in der richtigen Position auf dem Boden befestigt. Stützstreben halten die Konstruktion an den Ecken des Hauses. Danach 8 Dachsparren vermessen, auf Gehrung sägen und an Ort und Stelle festnageln. Die provisorischen Stützen des Rahmens werden entfernt und die Dachsparren in den Ecken befestigt. Sie schließen sich spitzwinklig an vorher montierte Dachsparren an. Auf das Rähm nageln Sie unter den überstehenden Dachsparren eine Profilleiste 28×34 mm auf. Auf diese Leiste und das Rähm werden zwischen den Dachsparren Dreikantleisten 45×70 mm aufgenagelt, die die gleiche Gehrung haben wie die Dachneigung. Diese Dreikantleisten mit einem gut angepaßten Blech abdecken, das nach außen eine Abtropfkante erhält (siehe Detailzeichnung auf Seite 62).

Glasdach

Das Dach besteht aus ca. 500 mm breiten und 3–4 mm dicken Glasscheiben, die auf festgenagelten Leisten 9×22 mm auf dem Rahmen und auf den Dachsparren ruhen. Unten liegt das Glas auf der blechverkleideten Dreikantleiste der Dachtraufe auf. Hier ist das Dachglas auf die althergebrachte Weise in kleine Felder aufgeteilt, die sich überlappen. Jeder waagerechte Stoß wird mit 10 mm breiten Blechstreifen oder Stahldrahtstücken zusammengehalten, die in S-Form gebogen werden.

Am einfachsten ist es, das Glas so zuzuschneiden, daß ganze Längen von oben bis unten reichen. Unten werden Blechstreifen an der Dreikantleiste mit Nägeln befestigt und um die Unterkante des Dachglases herumgebogen. An den Seiten liegt das Dachglas auf dünnen Leisten, und dort wird es verkittet. Jeden Dachsparren mit 75 mm breiten Blechprofilen abdecken, die oberhalb des Glases auf beiden Seiten Abtropfkanten besitzen. Diese Bleche werden so mit Nägeln oder Schrauben angebracht, daß sie jederzeit wieder abgenommen werden können, wenn eine Scheibe der Dachverglasung ausgetauscht werden muß.

Ein Belüftungsfenster aus Plexiglas, ca. 500× 500 mm, kann in der Mitte des hinteren Schrägdaches befestigt werden. Die Plexiglasscheibe wird oben mit rostfreiem Klavierband auf der Außenseite des Rahmens befestigt und überlappt an der Unterseite die Dachverglasung. Die Blechprofile, die die Sparren abdecken, werden so zugeschnitten, daß sie am Belüftungsfenster etwas schmaler sind. Die Luke läßt sich nach oben mit einem langen dicken Stahldraht von innen öffnen.

Die Laterne besteht aus einer kastenförmigen Rahmenkonstruktion 300×500×500 mm. Die vier Glasscheiben werden in Falzen verkittet. Die bogenförmigen Sprossen aus dünnem wasserfestem Sperrholz aussägen. Nach sorgfältigem Anstrich werden sie auf dem Glas mit Silikon befestigt.

Das Dach der Laterne ist aus 10–15 mm starkem, wasserfestem Sperrholz angefertigt, das mit Blech verkleidet wird. Die Eckstöße des Bleches sind miteinander verfalzt. Die übrigen „Blechfalze“ sind nur Imitationen und bestehen aus dünnen schwarz angestrichenen Holzleisten. Das Blechdach kann auf dem Sperrholz mit Epoxi-Kleber befestigt werden. Für die Blecharbeiten benötigen Sie einen Klempner. Die Wetterfahne wird aus Messing angefertigt, damit sie nicht festrosten kann. Den Dachreiter aus Buche oder Birke drechseln. Am Übergang zwischen Rahmen und Laterne wird ein Abdeckblech mit Abtropfkante befestigt.

Anstrich

Grundieren Sie das gesamte Holz mit entsprechendem Öl für Außenwände, bevor mit weißer Ölfarbe angestrichen wird. Sättigen Sie alle Kopfhölzer mit Öl. Streichen Sie alle Fensterrahmen und -flügel vor der Montage und dichten alle Fugen mit weißer Dichtmasse (Patrone und Spritze) zur Außenanwendung.

Lustpavillon

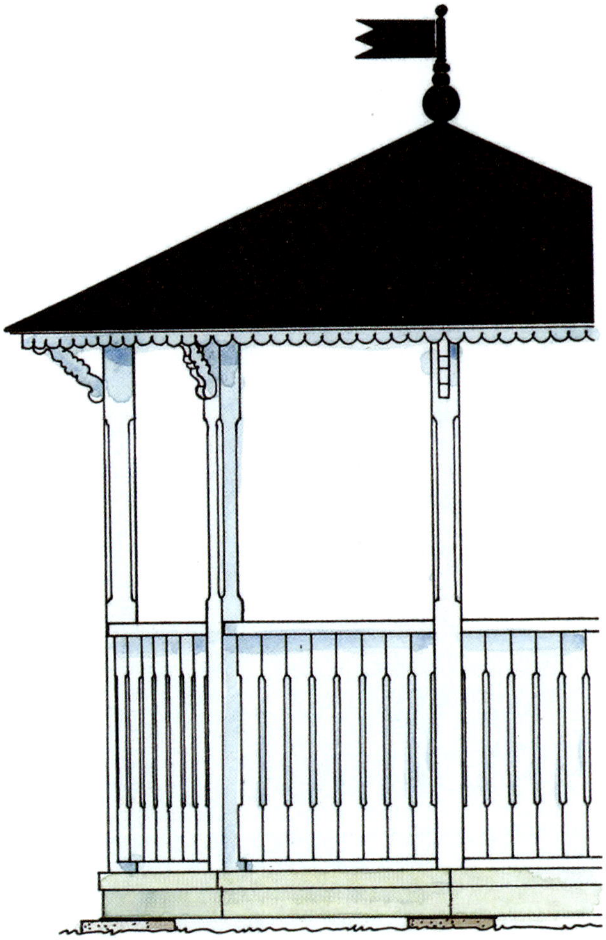

Zusammen mit den verschnörkelten Holzverzierungen des 19. Jahrhunderts verschwanden auch die Lustpavillons. Manchmal wurden sie zum Zwecke der schönen Aussicht aufgestellt, manchmal aber auch so, daß sie besonders auffielen. In Farbe und Formgebung harmonierten sie mit der Gesamtheit des Besitzes, mit Haus, Veranda, Zaun und Gartentor. Für einen tüchtigen Tischler ist es eine Herausforderung, einen hübschen Lustpavillon zu bauen. Ein Lustpavillon kann gern reichlich verziert werden, aber man sollte mit dem Schmuck maßvoll umgehen und den Gesamteindruck im Auge behalten. Ein Lustpavillon bildet einen freistehenden vor Sonne und Regen geschützten Freisitz. Rundherum kann man lose Sitzbänke mit Auflagekissen aufstellen. Die Schmalseiten der Bänke bekommen eine Gehrung von 67,5 Grad, damit sie in die achteckige Grundform des Pavillons passen. In die Mitte stellt man einen runden oder achteckigen Tisch.

Der Lustpavillon im Querschnitt und im halben Grundriß von oben.

Die Konstruktion kann auch Fensterflügel und schmale Doppeltüren erhalten. Am besten nehmen Sie alte Fensterflügel. Sie können aber auch neue bei einer Tischlerei bestellen. Lassen Sie sich von alten Fenstern inspirieren, beispielsweise den Fenstersprossen alter Glasveranden. Mit kleinen eingesetzten Scheiben, beispielsweise aus blauem und rotem Fensterglas, lassen sich schöne Muster herstellen. Wenn die Grundfläche unter 10 m^2 ist und die Firsthöhe 3 m nicht überschreitet, brauchen Sie in Schweden normalerweise keine Baugenehmigung. Beachten Sie die Hinweise zu den Baubestimmungen auf Seite 10.

Material

Derartige Holzkonstruktionen sind im Lauf der Jahre großen Beanspruchungen in Form von Temperaturunterschieden, Feuchtigkeit und Belastung ausgesetzt. Wählen Sie deshalb Material guter Qualität, das für den Gebrauch im Freien besonders geeignet ist.

Für die Schwelle und die Fußbodenbalken wählen Sie druckimprägniertes Holz der Klassen A oder AB. Für das Ständerwerk, das Geländer und andere Teile wählen Sie unimprägniertes Holz oder druckimprägniertes Holz der Klasse AB.

Wichtig ist, daß alle Holzverbindungen stabil ausgeführt werden. Befestigungen und Beschläge sollten feuerverzinkt sein. Behandeln Sie die Oberflächen mit Ölgrundierung und Ölfarbe. Der Boden kann mit transparentem Holzschutzöl gestrichen werden, das der Rißbildung entgegenwirkt. Seien Sie besonders sorgfältig bei der Oberflächenbehandlung des Kopfholzes, das während der Bauarbeiten mit Öl und Farbe gesättigt werden sollte.

Werkzeug

Da der Lustpavillon achteckig ist, müssen einige Sägeschnitte mit genauem Winkel und exakter Gehrung ausgeführt werden. In diesem Fall ist es besonders praktisch, wenn man Zugang zu einer elektrischen Baukreissäge mit verstellbarem Sägeblatt und Anschlag hat.

Fundament

Beginnen Sie mit der Bodenkonstruktion aus druckimprägniertem Holz: Schwellen 45 × 145 mm, Boden 28 × 120 – 145 mm und die außen aufliegende Verblendung 22 × 45 mm. Ist der Untergrund sehr fest, kann es genügen, den Lustpavillon auf 8 Betonplatten oder -blöcken (1) zu errichten. Diese werden mit einer langen Wasserwaage und einer Richtlatte ausgerichtet. Alternativ können auch Pfahlfundamente oder eine achtkantige Betonplatte gegossen werden. Der Abstand zwischen zwei parallelen Außenkanten der Schwelle (2) beträgt 2,40 m. Schneiden Sie acht Schwellhölzer im Winkel von 67,5 Grad bei einer Länge von 950 mm auf Gehrung. Vernageln Sie schräg mit feuerverzinkten Nägeln 100 × 34 oder 125 × 40. Messen Sie zur Kontrolle nach. Setzen Sie fünf querlaufende

Die Zahlen beziehen sich auf den Text und das Materialverzeichnis auf Seite 69.

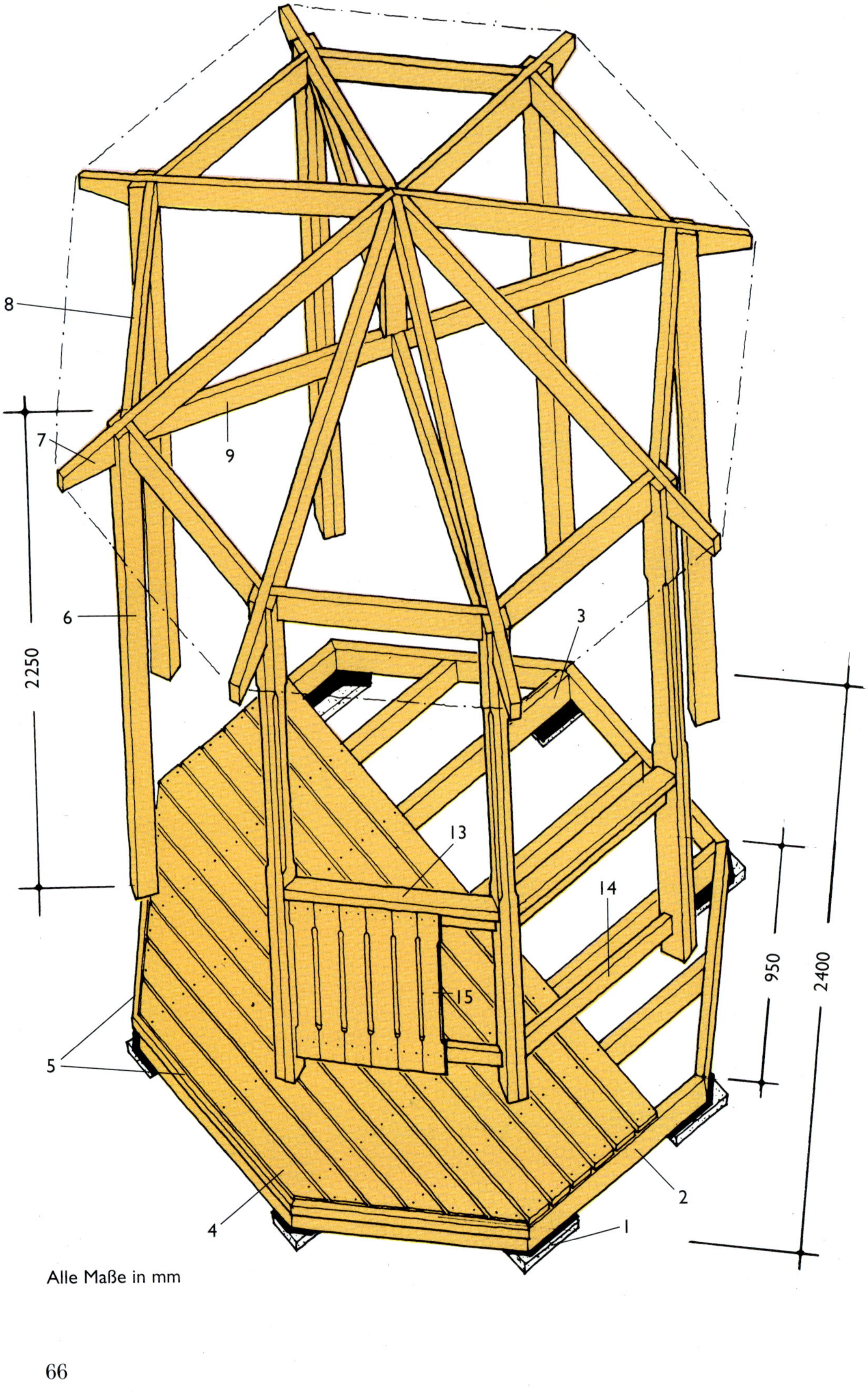

Alle Maße in mm

Bodenbalken (3) mit einem Mittenabstand von 400 – 500 mm ein. Diese werden von außen mit feuerverzinkten Nägeln 125×40 vernagelt. Die Befestigung der Bodenbalken kann durch Metallbeschläge noch verstärkt werden. Wichtig ist eine Stütze im Mittelpunkt des Gebäudes, die aus einem Betonblock bestehen kann.
Für den Fußboden (4) nehmen Sie Holz der Abmessungen 28×120 – 145 mm, das für einen Fußboden in Rostform geeignet ist. Bohren Sie an den Enden und an den Stößen die Löcher für die Nägel vor, damit das Holz nicht splittert. Die Außenkante des Fußbodens wird rundherum mit einer Leiste (5) abgedeckt. Wenn die Oberkante dieser Leiste abgeschrägt wird, kann das Regenwasser besser ablaufen.

Ständerwerk und Dachstuhl

Die acht Ständer (6) sind 2,25 m hoch. Sie werden jeweils aus zwei Kanthölzern 45×120 mm zusammengenagelt. Am oberen Ende wird eine Aussparung für die Sparren des Dachstuhles (7) und das Rähm (8) hergestellt (siehe Detailzeichnung Seite 65). Die Kanten werden dekorativ angefräst. Dazu wird eine Vertikalfräse oder eine Handoberfräse und ein 45-Grad-Fräskopf verwandt. Man kann aber auch diese Fasen mit Hobel und Feile herstellen. Reißen Sie zunächst die Positionen der Ständer an. Sie werden danach auf den Boden gestellt und mit Winkelbeschlägen und Kammnägeln 40×40 befestigt. Zunächst werden zwei Ständer durch ein Sparrengebinde miteinander verbunden. Dieser erhält eine Neigung von 25 Grad, wie man auf der Zeichnung sieht. Der Dachstuhl besteht aus einem Sparrengebinde (7), aus zwei Sparren 45×120 mm, einem Unterrahmen (9) 45×95 mm und einem senkrechten Stiel 45×95 mm. Der Unterrahmen (9) wird mit 100×34 und 125 ×40 geriffelten Drahtnägeln vernagelt. Die Enden des Sparrengebindes ragen 280 mm über das Rähm hinaus. Die Enden senkrecht abschneiden. Das Sparrengebinde wird montiert und mit einer langen Wasserwaage ausgerichtet. Mit provisorischen Streben unten an der Schwelle befestigen.
Stellen Sie die nächsten Ständer auf, die mit Dachsparren verbunden werden sollen, und befestigen Sie diese. Sparren und Unterrahmen werden rechtwinklig an das bereits stehende Sparrengebinde angeschlossen. Falls notwendig, verstärken Sie die Verbindungen mit Winkelbeschlägen. Von oben gesehen bilden die beiden Sparrengebinde ein Kreuz. Alle Maße und Winkel müssen genau stimmen.
Jetzt werden die übrigen vier Ständer aufgerichtet und das Rähm (8) 45×145 an den Aussparungen an der Innenseite der Ständer festgenagelt (siehe Detailzeichnung Seite 65).
Die Oberseite des Rähms wird im Winkel von 25 Grad angeschrägt, damit es sich an die Dachverschalung aus Rauhspund (10) anschließt. Die Enden erhalten eine Gehrung von 67,5 Grad, damit sie sich an die Dachsparren (7) anschließen. Die übrigen vier Dachsparren werden mit schräg eingeschlagenen Nägeln zwischen dem Firstkreuz und den oberen Enden der Ständer befestigt. Hier brauchen keine weiteren Unterrahmen angebracht zu werden.

Konsole zwischen Ständer und Traufe. Jedes Quadrat entspricht 20×20 mm. Fertigen Sie zuerst eine Schablone aus Pappe oder dünnem Plattenmaterial an. Zeichnen Sie die Form auf astreines gehobeltes Kiefernholz 28×95 mm. Sägen Sie die Konturen mit einer elektrischen Stichsäge oder einer Bandsäge aus. Die Kanten mit Feile und Schleifpapier versäubern. Die Oberflächenbehandlung erfolgt vor der Montage.

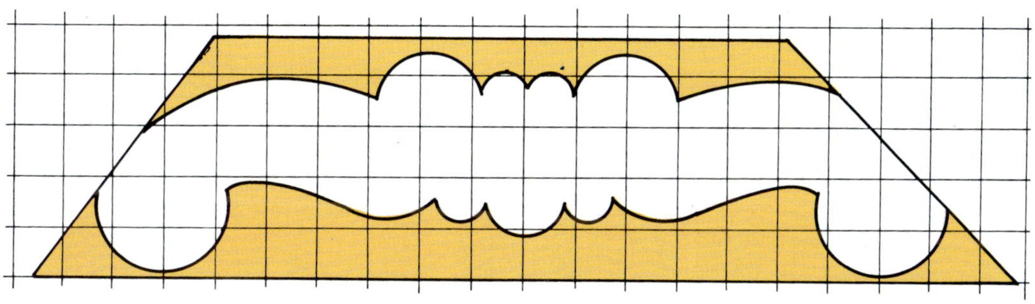

Dach

Das Dach (10) besteht aus Rauhspund 17×95 mm. Befestigen Sie das erste Brett unten an der Traufe. Lassen Sie etwas Überstand an den Enden der Dachsparren. Darunter kann später die verzierte Traufkante angebracht werden. Legen Sie die Dachverschalung mit der Feder Richtung First und die ungehobelte Seite nach oben. Mit 75×28 feuerverzinkten Drahtnägeln vernageln. Danach wird mit dicker Dachpappe eingedeckt. Verfahren Sie nach den Anweisungen des Herstellers.

Die Verzierung der Dachtraufe (11) 22×95 mm wird unter der Dachverschalung und an den überstehenden Enden der Dachsparren befestigt. Die Verzierungen der Traufe haben einen Radius von ca. 35 mm. Die acht dekorativen Konsolen (12) sind ca. 340 mm lang und aus 28 ×95 mm starkem Holz ausgesägt (siehe dazu Seite 51). Bohren Sie Löcher vor den abgerundeten Enden und befestigen Sie die Konsolen an Ort und Stelle mit Nägeln 100×34.

Geländer

Der Handlauf des Geländers (13) 45×120 mm und die waagerechten Kanthölzer (14) 34×70 mm erhalten eine Gehrung von 67,5 Grad und werden mit schräg eingeschlagenen feuerverzinkten Nägeln 75×28 zwischen den Ständern befestigt.

Lassen Sie sich von Geländerformen des frühen 20. Jahrhunderts inspirieren. Die einzelnen Streben bilden ein ansprechendes Muster, da sie Seite an Seite montiert werden. Die Muster mit der elektrischen Stichsäge oder Bandsäge ausschneiden. Enge Rundungen müssen eventuell ausgebohrt werden. Besonders gerades und dichtwüchsiges Kiefernholz ist das beste Material.

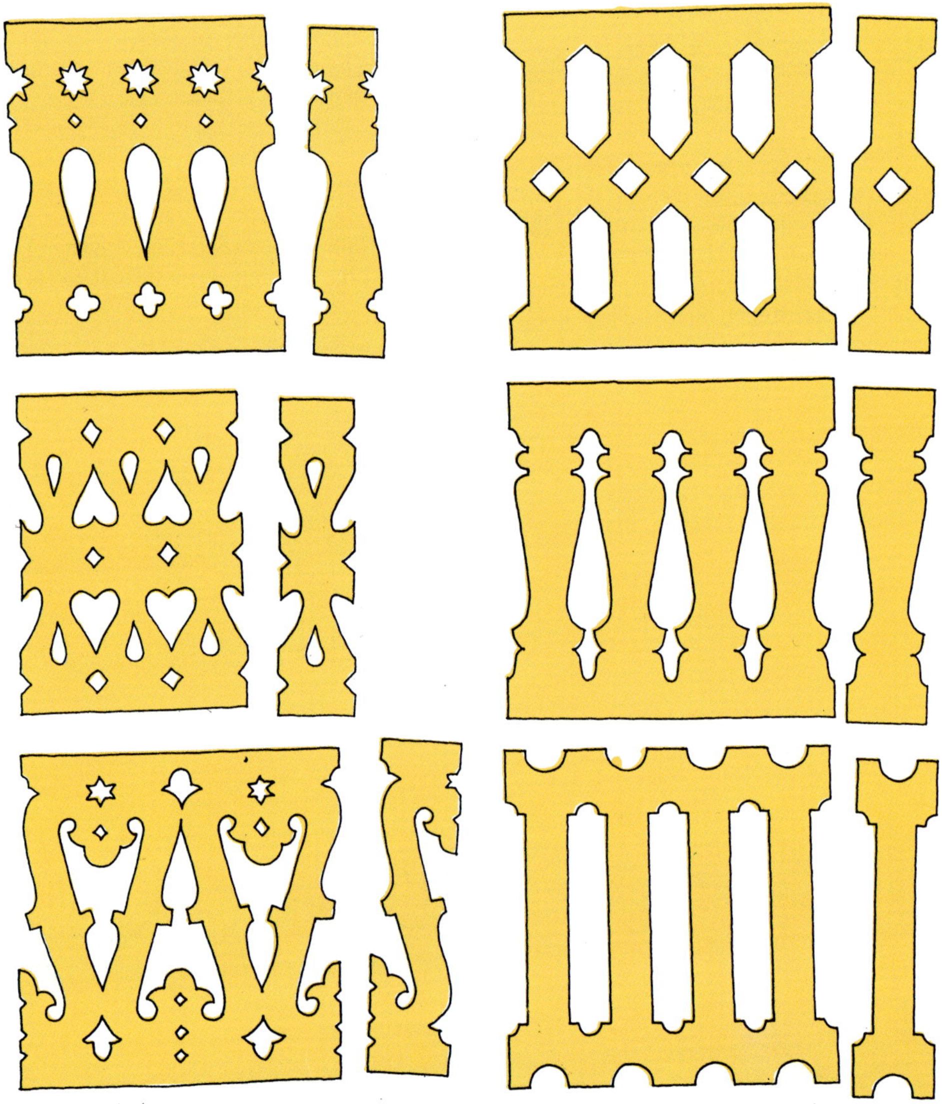

Die Höhe über dem Boden beträgt ca. 950 mm. Es ist von Vorteil, die Oberseite des Handlaufes etwas abzurunden, damit das Wasser besser abläuft. Benutzen Sie dazu einen Hand- oder Elektrohobel.

Die Streben des Geländers (15) werden aus gehobeltem Kiefernholz 22×95 – 145 mm gemacht. Die Konturen mit einer elektrischen Stichsäge oder einer Bandsäge aussägen. Die Kanten werden mit Schleifpapier oder einer Handoberfräse im 45-Grad-Winkel angefast. Schneiden Sie unten eine schräge Kante, von der das Wasser abtropfen kann. Die Oberflächenbehandlung der Geländerstreben sollte vor der Montage erfolgen, mit Grundierungsöl und Ölfarbe. Lassen Sie die unteren Enden einige Stunden in Öl stehen, damit das Holz gesättigt wird. Vernageln Sie mit feuerverzinkten Nägeln 60×23.

Wetterfahne

Oben auf das Dach kommt ein runder oder achteckiger 500 – 600 mm hoher Dachreiter. Hier haben wir eine Wetterfahne montiert, die auf gedrechselten Unterteilen ruht. Die Einzelteile wurden auf einem Rundeisen aus Messing mit einem Durchmesser von 8 mm montiert. Der Vogel besteht aus schwarzgestrichenem Messingblech. Es ist auf einer Röhre verlötet, die sich auf der Messingstange dreht. Die Röhre ruht unten auf einer an der Stange verlöteten Scheibe.

Material für den Lustpavillon

Bei den Längenangaben wurden ca. 100 mm als Verschnitt hinzugegeben. Schwund ist nicht berücksichtigt.

Bezeichnung	Maße (mm)	Länge (mm)	Menge
1. Betonplatten oder Pfahlfundamente			8 Stück
2. Schwelle, druckimprägniert, Klasse A	45×145	1100	8 Stück
3. Fußbodenbalken, druckimprägniert, Klasse A	45×145	2450	3 Stück
		1800	2 Stück
4. Holz für Bodendielen, druckimprägniert, Klasse AB	28×120	ca. 50 m	
5. Abdeckrahmen, druckimprägniert, Klasse AB	22–28×45	ca. 10 m	
6. Ständer, druckimprägniert, Klasse A	45×120	2350	16 Stück
7. Sparren des Dachstuhls	45×120	1800	8 Stück
8. Rähm	45×145	1000	8 Stück
9. Unterrahmen des Sparrengebindes	45×95	2500	1 Stück
		1200	2 Stück
Senkrechter Stiel des Dachstuhls	45×95	500	1 Stück
10. Dachschalung, Rauhspund	17×95		ca. 10 m²
11. Traufkante	22×95	1300	8 Stück
12. Konsole	28×95	400	8 Stück
13. Handlauf, imprägniert	45×120	1100	7 Stück
14. Kanthölzer für Geländer, druckimprägniert, Klasse AB	34×70	1100	14 Stück
15. Geländerstreben	22×95	900	56 Stück
Dachpappe			

Spielhaus für Kinder

Das Spielhaus ist in seinen Abmessungen der Körpergröße der Kinder angepaßt. Soll es größer werden, erhöhen Sie das Ständerwerk um 100 – 200 mm.

Wenn man will, kann man wie hier gezeigt die doppelten Ständer der Veranda sichtbar lassen. Das betont die Proportionen.

Fundament, Schwelle und Boden

Markieren Sie die Ecken des Spielhäuschens auf dem Untergrund. Legen Sie Betonplatten (B), wie sie für Gartenwege üblich sind (siehe Abbildungen auf der nächsten Seite). Richten Sie die Platten mit einer langen Wasserwaage und einer Richtlatte aus. Streifen aus Dachpappe trennen das Holz vom Beton.

Die Schwelle (A) besteht aus druckimprägnierten Kanthölzern der Klasse AB in den Abmessungen 45 × 95 mm. Diese werden hochkant gestellt. Die Ecken werden überplattet und zusätzlich mit einem Winkeleisen verstärkt. Wenn der Grundrahmen stabil ist, ist es einfacher, das Spielhaus im Garten zu versetzen.

Der Innenboden wird mit 6 mm starker ölbehandelter Holzfaserplatte (H) belegt. Diese Platten werden auf den Schwellrahmen genagelt. Darauf kommen Nut- und Federbretter (I) 22 – 28 × 95 mm, die auf dem Schwellrahmen und den Faserplatten vernagelt werden. Nageln Sie verdeckt, mit verzinkten Senkkopfnägeln, schräg in den Winkel des Überganges vom Brett zur Feder. Auf diese Weise verdeckt die Nut des nächsten Brettes den Nagel.

Der Boden der kleinen Terrasse (G) wird als druckimprägnierter Rost mit Brettern 28 × 95 – 120 mm gelegt. Zwischen diesen wird ein Abstand von 5 mm gelassen. Die Bretter mit verzinkten Drahtnägeln 75 × 28 auf dem Schwellrahmen vernageln. In der Nähe des Kopfholzes werden Löcher vorgebohrt, damit das Holz nicht splittert. Das vorderste Brett am Eingang sollte einige Zentimeter über die Schwelle hinausragen.

Ständerwerk

Die unteren Riegel an der Längsseite des Hauses (O) 45 × 45 mm und an den Giebeln von

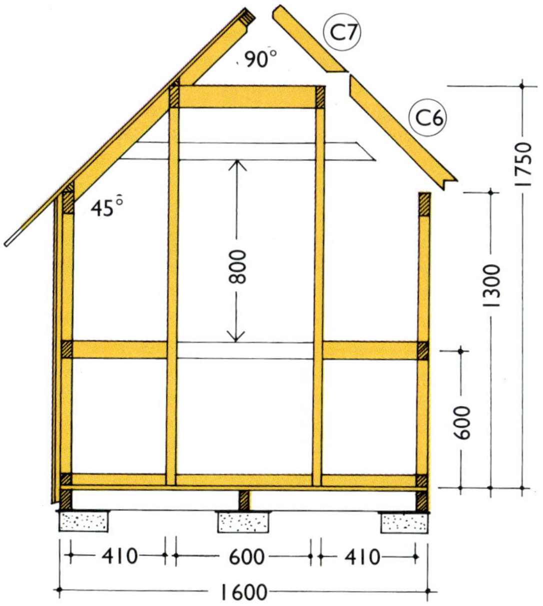

Haus und Veranda (C1) 45×70 mm werden auf dem Boden des Hauses vernagelt. Lassen Sie Lücken für das senkrechte Ständerwerk. Richten Sie danach die Eckpfosten (C2) für das Haus und die Terrasse auf (6 Stück) und befestigen Sie diese mit schräg eingeschlagenen Nägeln am unteren Ende.

Die Bodenriegel (O) an der Giebelseite, in der sich die Tür befindet, dienen als Türschwelle und gleichzeitig als Befestigungsunterlage für die Wandverkleidung.

Die beiden äußeren längslaufenden waagerechten Fußpfetten (D1) 45×95 mm werden auf den Eckständern vernagelt. Die Pfetten stehen an jeder Seite 200 mm über. Richten Sie die Ständer der Wand senkrecht aus, und befestigen Sie diese provisorisch mit Hilfe von schräglaufenden Leisten.

Jetzt werden die sechs innenliegenden Ständer (C3) aufgerichtet. Am einfachsten geht das, wenn drei senkrechte Ständer (C3) und eine

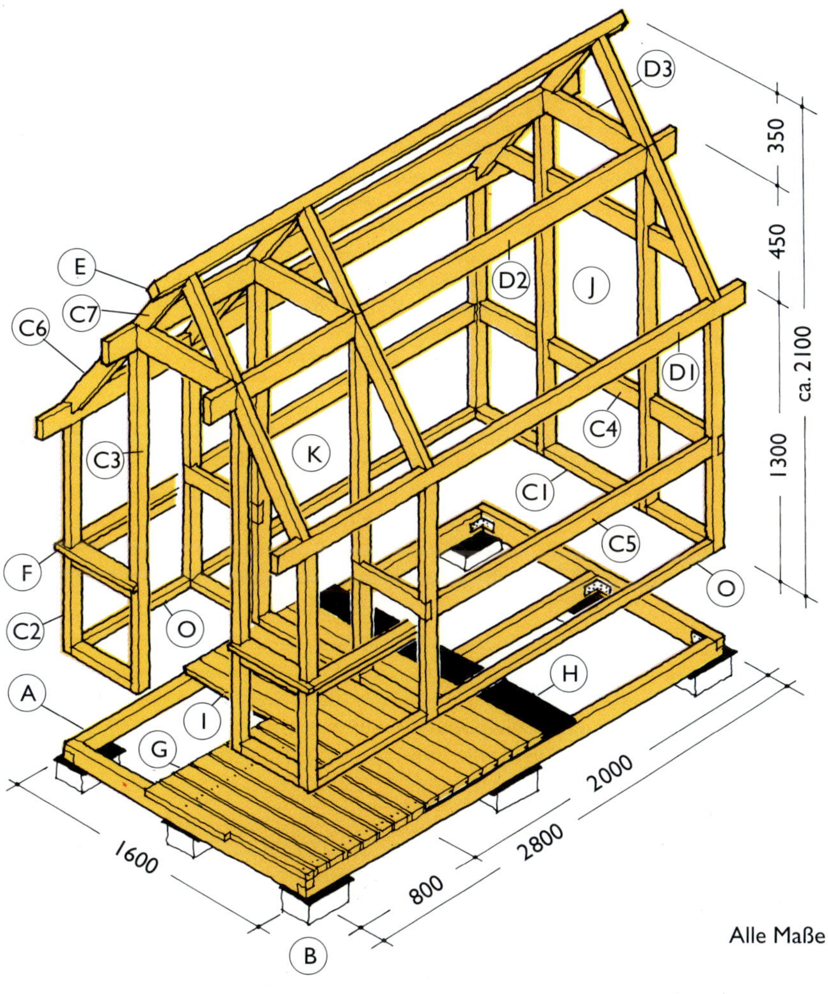

Alle Maße in mm

längslaufende Mittelpfette (D2) vorher auf dem Boden miteinander vernagelt werden. Richten Sie danach die Gebinde auf, und befestigen Sie diese provisorisch mit Latten an den äußeren Eckständern. Richten Sie die Gebinde senkrecht aus, und befestigen Sie diese mit waagerechten Riegeln (C4). Reißen Sie eventuelle Aussparungen für Riegel an den Giebelwänden an. Sägen und stechen Sie das Holz aus. Jetzt werden die waagerechten Riegel (C5) an den Längsseiten befestigt. Schraubzwingen sind ein sehr gutes Hilfsmittel, um die Riegel zu befestigen, wenn man allein arbeitet. Rund um die Veranda werden die Riegel und der Handlauf (F) als Befestigung für das Geländer montiert.

Die drei unteren Sparren (C6) auf beiden Seiten des Daches (insgesamt sechs Stück), die die Fuß- und Mittelpfette miteinander verbinden, werden die untere und mittlere Dachpfette. Sie werden wie auf der Abbildung Seite 71 gezeigt zugeschnitten und vernagelt.

Jetzt müssen Sie noch die Verlängerungen der Sparren (C7) montieren, welche die Mittelpfette mit der Firstbohle verbinden. Schneiden Sie sechs Sparren nach dem Querschnitt auf Seite 71 zu, und nageln Sie diese mit der Firstbohle (E) vorher auf dem Boden zusammen. Heben Sie die Konstruktion auf die Mittelpfetten und nageln Sie diese fest.

Dach

Das Dach hat eine Neigung von 45 Grad, so daß der Winkel im First rechtwinklig ist. Auf die vier längslaufenden Fuß- und Mittelpfetten werden Dreikantleisten 50×50 mm aufgenagelt.

Die Dachschalung (L) ist aus Rauhspund 17×95 mm und wird mit der gehobelten Seite nach unten aufgenagelt. Nageln Sie zunächst zuerst die eine Dachhälfte fest, und lassen Sie an der Firstpfette etwas Überstand. Die überstehenden Enden der Bretter werden an der Firstpfette sauber abgeschnitten. Danach die andere Dachhälfte mit Rauhspund verkleiden. Lassen Sie den Rauhspund 22 mm über die Enden der Dachpfetten an den Giebelseiten hinausragen. Die Windfedern (M) aus doppelten Brettern werden vor die herausstehenden Kopfenden der Pfetten genagelt. Zuerst wird ein Brett in den Abmessungen 22×120 mm unter dem Rauhspund angebracht, danach ein zweites der

Abmessungen 22×95 mm daraufgenagelt. Auf der Innenseite der Windfedern eine Dreikantleiste auf dem Rauhspund vernageln.
Auf dem Dach können Sie dicke Dachpappe mit einem starken Schutzbelag oder Dachschindeln aus Asphaltpappe mit Pappnägeln vernageln. Man kann auch Dachpfannen auf einer Unterlattung verlegen. Dann benötigen Sie allerdings breitere Windfedern.

Fenster und Türen

Die Fensteröffnung (J) ist für ein Zargenaußenmaß von 600×800 mm ausgelegt. Eine Alternative ist Plexiglas, das in einem Rahmen aus doppelten dünnen Holzleisten gesetzt wird. Diesen dann in der Öffnung mit wasserfestem Leim befestigen und vernageln. Anschließend wird mit Dichtmasse abgedichtet.

Die Türöffnung (K) ist 600×1610 mm groß. Fertigen Sie ein passendes Türblatt aus senkrechten Nut- und Federbrettern 22–28×95 mm an. Auf der Innenseite erhält die Tür zwei waagerechte Riegel und eine Diagonalstrebe von 22×70 mm von gehobeltem Holz. Leimen und nageln Sie eine Leiste von 22×34 mm als Falz auf die Innenseite des Türrahmens.

Wände

Die Außenwandverkleidung (N) besteht aus senkrechten Brettern 22×120 mm mit einer angeschrägten Abtropfkante am unteren Ende. Die Stöße werden mit Abdeckleisten 16×45 mm abgedeckt. Die Bretter an den Hausecken haben die Abmessungen 22×120 mm. Die Veranda erhält zwei feste Bänke (siehe Abbildung auf Seite 70).

Material für das Spielhaus

Bei den angegebenen Längen ist der Verschnitt nicht berücksichtigt.

Bezeichnung	Abmessungen (mm)	Menge
A. Schwelle	45×95	11,6 m
B. Betonplatten		9 Stück
C. Riegel (C1 – C7)	45×70	ca. 37,5 m
D. Pfetten (D1 – D3)	45×95	14,6 m
E. Firstpfette	45×45	3,2 m
F. Handlauf	28×120	2,8 m
G. Bretter für den Terrassenboden	28×95	12,8 m
H. Ölbehandelte Holzfaserplatte	6	3,2 m²
I. Innenboden des Hauses	22×95	37,0 m
J. Fenster		1 Stück
L. Dachschalung aus Rauhspund	17×95	111,0 m
M. Windfeder	22×120	6,0 m
Windfeder	22×95	6,2 m
N. Außenverkleidung	22×120	97,0 m
Abdeckleiste	16×45	73,0 m
O. Bodenriegel	45×45	5,2 m
Obere Windfeder	22×95	6,4 m
Dreikantleiste	50×50	19,3 m
Winkelbeschläge		6 Stück
Feuerverzinkte Nägel		
K. Tür		
Nut- und Federbretter oder Rauhspund	22×95	11,2 m
Querriegel/Diagonalstrebe	22×70	2,7 m
Leiste	22×34	3,8 m

Hinzu kommt das Holz für die Bänke zuzüglich einiger weiterer Riegel.

Garage

Die Garage wird als Fachwerkkonstruktion ausgeführt und hat eine Grundfläche von ca. 4×6 m. Die Baubeschreibung ist gleichzeitig eine allgemeine Anleitung für ein kleines Freizeit- oder Gästehaus. Das Fundament kann aus Pfahlfundamenten oder aus Grundmauer mit Kriechkeller bestehen.

Wünschen Sie sich mehr geschützten Freiraum an Ihrem Wohnhaus und haben genug Platz, können Sie die Garage auch verlängern. So entsteht ein willkommener zusätzlicher Lagerraum für diverse Gegenstände wie Skier, Fahrräder, Rasenmäher oder Gartenmöbel. Aber auch als zweite Küche für grobe Arbeiten ist der Bau dienlich, mit viel Platz für Gefrierschränke. Und warum nicht dort sein Heimbüro einrichten, eine Webstube, ein Gästezimmer, oder einen großen Feuchtraum mit Platz zum Wäschewaschen, für ein Bad oder eine Sauna?

Planung und Baugenehmigung

Planen Sie den Neubau so, daß er sich gefällig in die vorhandene Bebauung einfügt. Nutzen Sie die natürlichen Voraussetzungen, die Ihr Grundstück bietet. Die Dachneigung und die äußere Gestaltung, wie beispielsweise die Wahl der Wandverkleidung, der Fenster, des Dachmateriales oder der Windfedern, sollten so gewählt werden, daß die Garage mit der sie umgebenden Bebauung harmoniert. Eine Doppelgarage beispielsweise kann auf einem kleinen Grundstück sehr dominant wirken. Dagegen ist die Kombination Garage und Carport ebenfalls praktisch und wirkt weniger gewaltig.

Denken Sie auch daran, die Garage so zu plazieren, daß sich ein schöner Freisitz in guter Sonnenlage schaffen läßt. Hier kann man unbeobachtet und windgeschützt sitzen. Planen Sie die Winterzeit ein: Schnee vom benachbarten Haus sollte Ihnen nicht in die Einfahrt fallen können, und eine zu lange Garagenauffahrt macht viel mehr Arbeit beim Schneeräumen.

Ein Gebäude wie dieses hier benötigt eine Baugenehmigung. Nehmen Sie deshalb Kontakt mit der Baubehörde auf, und stellen Sie Ihr Bauansuchen rechtzeitig. Die Beamten und Techniker der Baubehörde helfen Ihnen gerne bei Ihren Fragen, wenn es sich um einen Neubau handelt. Fragen Sie nach, welche Anforderungen die Kommune an die Elektroinstallation, an den Wasserzulauf und -abfluß stellt. Erkundigen Sie sich auch, welche Kosten für eine Baugenehmigung anfallen.

Soll die Garage näher als 4,5 m an die Grenze des Nachbarn gerückt werden, bedarf es in Schweden dessen Zustimmung. Der Abstand zwischen Straße und Garage soll mindestens sechs Meter betragen.

Ein Baugesuch sollte deutliche Zeichnungen, bei Neubauten im Maßstab 1 : 100, beeinhalten. Ein Grundstücks- und Lageplan gehört dazu, genauso wie die ausgefüllten Formulare. Nehmen Sie Kontakt mit einem Elektriker für die Elektroinstallation auf. Für die Installation von Wasser und Abfluß wenden Sie sich an ein Tiefbauunternehmen.

Randverstärkte Betonplatte

Der gesamte Mutterboden wird ausgeschachtet. Dazu können Sie einen Minibagger benutzen. Unter der Platte bringen Sie eine mindestens 150 mm starke Schicht aus gewaschenem Kies oder Split auf, die ordentlich verdichtet wird. So verhindern Sie, daß Feuchtigkeit in die Platte aufsteigt. Außen um die Platte wird ein Drainagerohr mindestens 300 mm unterhalb des Bodenniveaus gelegt. Die Leitung sollte ein so starkes Gefälle haben, daß das Wasser in einen

Sickerschacht geführt werden kann oder in die Kanalisation abläuft. Bereiten Sie auch einen Abfluß in der Garage vor.
Bauen Sie eine beheizte Garage, wird die Betonplatte auf der Unterseite und an den Außenkanten isoliert. Es gibt bestimmte feste Platten zur Bodenisolierung, die gleichzeitig einen drainierenden und kapillarbrechenden Effekt besitzen.
Zunächst bauen Sie eine Form aus Holz, Plattenmaterialien oder fester Sockelisolation. Eine Möglichkeit ist es, eine Grundmauer aus Hohlblock- oder Ytongsteinen zu bauen und im Innenraum die Platte zu gießen. Die dickere Randverstärkung wird mit Bügeln und längslaufenden Eisen aus Baustahl verstärkt. Der übrige Teil der Platte wird mit Baustahlgitter gegen Rißbildung verstärkt.
Am einfachsten ist es, Fertigbeton zu bestellen, der direkt vom Mischfahrzeug in die Form gegossen werden kann. Außen benötigt der Sockel eine Höhe von ca. 300 mm über dem Boden, damit die Wandpaneele nicht durch Feuchtigkeit oder Spritzwasser beschädigt werden.

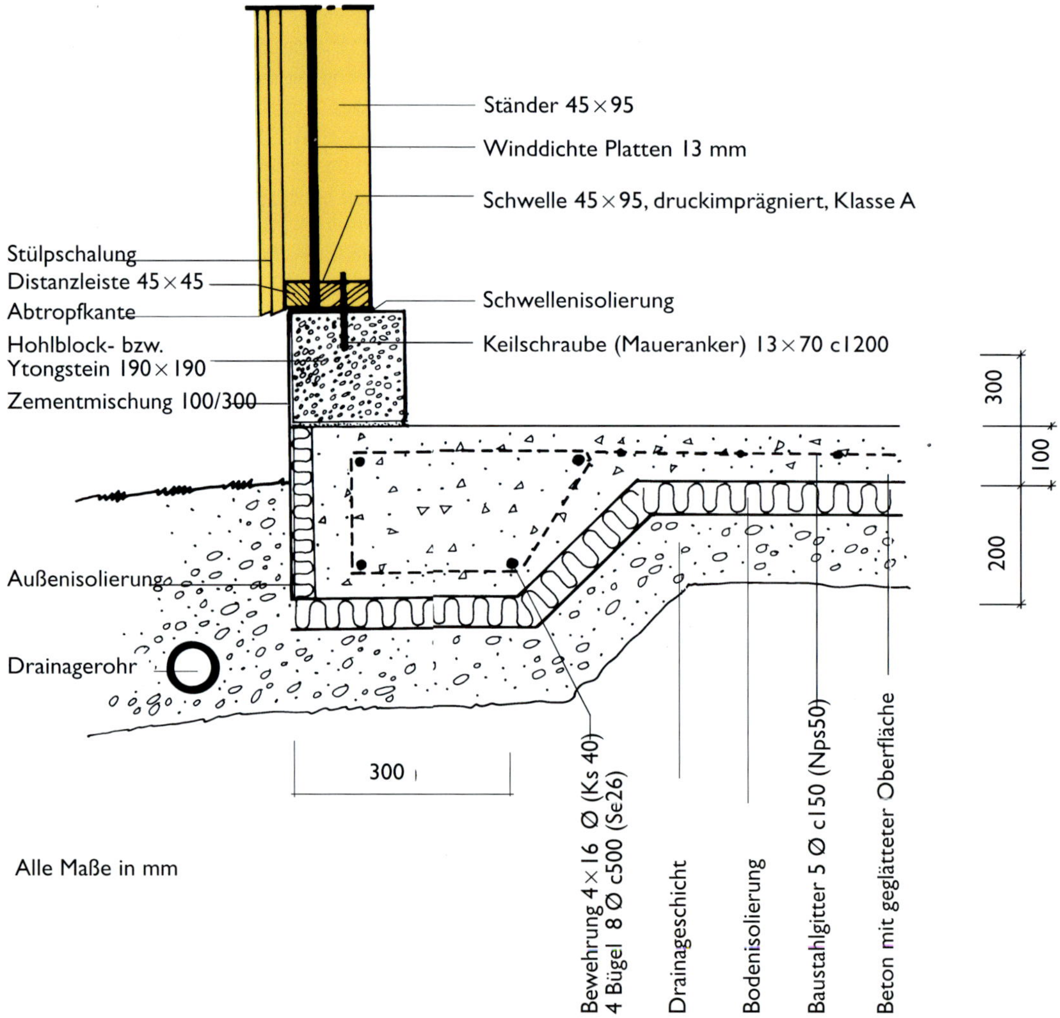

Die hier abgebildete Garage hat einen Sockel, der aus einer Lage Hohlblock- oder Ytongsteinen besteht, die auf der Außenkante der Bodenplatte aufgemauert wurden. Der Sockel kann mit Fertigmörtel verputzt oder verschlämmt werden.

Die Betonplatte hat eine Stärke von 80 bis 100 mm und ist gleichzeitig der fertige Garagenboden. Die Oberfläche wird geglättet und hat Gefälle zum Bodenabfluß hin. Das letztere ist sehr wichtig, damit im Winter das Schmelzwasser abfließen kann. An der Garagentür wird ein kräftiges Winkeleisen als Schwelle eingegossen.

Fachwerkkonstruktion

Das gesamte Holz für das Fachwerk ist gehobelt und hat die Abmessungen 45×95 mm. Hierzu paßt eine 95 mm starke Isolierung. Die Außenmaße des Sockels und der Schwelle betragen 3844×6244 mm (ohne Sockelisolierung oder Putz). Die Schwelle wird mit Keilschrauben (Mauerankern) auf dem Sockel befestigt. Zwischen die Schwelle und dem Sockel wird eine Isolierschicht gegen aufsteigende Feuchtigkeit eingelegt.

Die Schwellen werden in den Ecken in halber Stärke überplattet. Die senkrechten Eckständer setzen Sie Kante an Kante. So erhalten Sie eine gute Unterlage zum Aufnageln von Wandplatten. Die beiden Bauteile der Eckständer werden durch zwei Klötze 95×95 mm verbunden, die gute Befestigungsmöglichkeiten für die Außenpaneele abgeben.

Richten Sie die Eckständer genau senkrecht aus. Befestigen Sie diese provisorisch mit schräggestellten Leisten unten an der Schwelle. Reißen Sie die Positionen der Ständer auf der

Schwelle an. Diese werden, wenn möglich, mit einem Mittenabstand von 600 mm montiert. Richten Sie einige weitere Ständer an den Längsseiten senkrecht aus und befestigen diese mit schräg eingeschlagenen Nägeln auf der Schwelle. Stabilisieren Sie diese provisorisch mit schräggestellten Leisten. Befestigen Sie das Rähm/Ringbalken auf den Eckpfosten und Ständern mit durchgehenden Nägeln. Das Rähm wird in den Ecken in halber Stärke überplattet. Richten Sie die übrigen Ständer senkrecht aus und befestigen Diagonalstreben an den Eckpfosten, damit das Fachwerk stabiler wird. Die Wandseiten neben der Türöffnung können auf der Innenseite mit Platten verkleidet werden. In diesem Fall entfallen die Diagonalstreben. Setzen Sie gegebenenfalls noch Querriegel und Wechsel über und unter den Fenstern ein. Entscheiden Sie sich für den Typ der Schwingtür, die Sie in die Garage einbauen möchten. Berechnen Sie die Türöffnung nach dem jeweiligen Modell.

Außen nageln Sie auf das Fachwerk winddichte Platten auf. Damit die Außenverschalung eine belüftete Rückseite erhält, nageln sie waage-

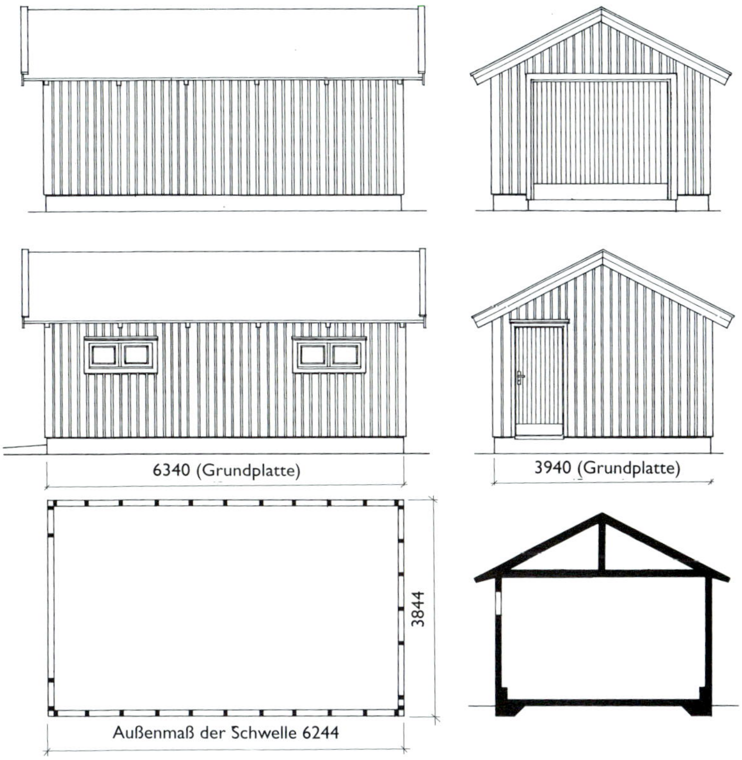

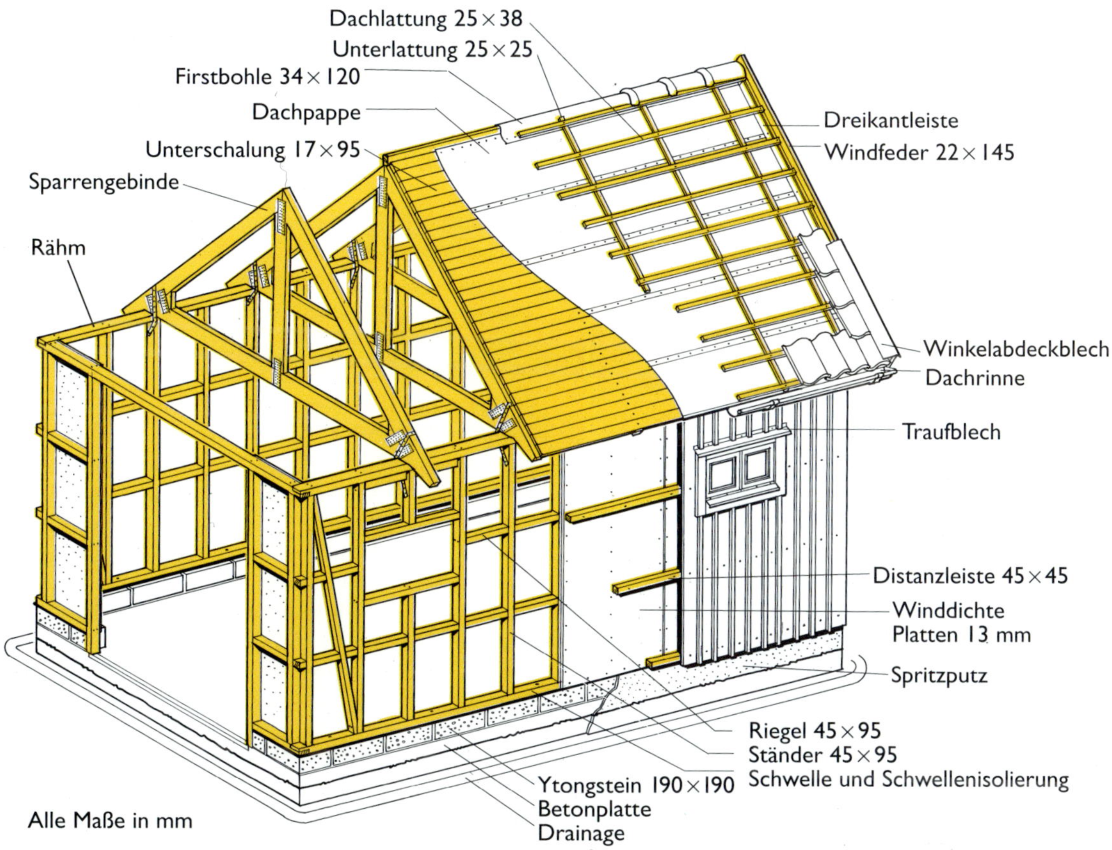

Alle Maße in mm

rechte Distanzleisten 45×45 mm außen auf die Platten.

Die Distanzleisten werden auf den Riegeln, dem Rähm und der Schwelle befestigt.

Wünschen Sie eine Isolierung von 140 mm, beispielsweise bei einem Freizeithaus, werden die Wände auf dieselbe Weise gebaut. In diesem Fall außen auf den Riegeln der Schwelle und dem Rähm waagerechte Kanthölzer 45×45 mm vernageln, bevor Sie die winddichten Platten ganz außen aufmontieren. Das ergibt ein sogenanntes doppeltes Fachwerk, bei dem die innere Isolierung von der äußeren 45 mm starken Isolierung überlappt wird. Auf die Außenplatten werden danach waagerechte Distanzleisten genagelt, wodurch die Außenschalung eine belüftete Rückseite erhält.

Eine Zwischendecke kann auf einer Unterlattung 22×70 mm gebracht werden. Die Unterlattung wird mit einem Mittenabstand von 300 mm auf den Unterrahmen der Sparrengebinde vernagelt. Auf diese Unterlattung eine Innendecke beispielsweise aus Nut- und Federbrettern oder Plattenmaterial nageln. Soll die Garage isoliert werden, befestigen Sie zunächst eine Dampfsperre in Form einer Kunststoffolie auf dem Ständerwerk, bevor Sie die Innendecke und die Innenwände montieren. Auf die Unterlattung der Decke wird eine Dachbodenisolierung aufgebracht. Obenauf kommt eine Lage spezielles Papier zur Windabdichtung. Der Dachboden muß gründlich belüftet werden. Dazu läßt man an der Traufe einen Belüftungsschlitz und setzt Belüftungsöffnungen in die Giebelspitzen. Wenn die Garage isoliert wird, müssen Sie mindestens zwei Zwangsbelüftungen einsetzen.

Auf eine Schmalseite wird eine Außentür in den Maßen 90×200 cm eingesetzt.

Dachkonstruktion

Das Dach muß so gebaut werden, daß es sämtliche Lasten aushält. Diese sind das eigene Gewicht, die Spannweite, kräftiger Wind, Feuchtigkeit und Schnee. In den nördlichen Teilen Schwedens sind die Schneelasten größer und deshalb bedarf es dort kräftigerer Dimensionen der Dachkonstruktion.

Ein Haus soll lange halten. Früher oder später wird es kräftigem Sturm und Wind ausgesetzt. Deshalb sollten alle Sparrengebinde mit feuerverzinktem Locheisenband gesichert werden. Das Locheisenband wird um die Enden eines jeden Sparrengebindes gebogen und auf der Innenseite des Rähms mit Kammnägeln befestigt (siehe Abbildung Seite 77).

Der Mittenabstand zwischen den einzelnen Sparrengebinden sollte 1200 mm betragen. Sie werden über den Eckständern und, wenn möglich, über weiteren Ständern plaziert. Wenn ein Sparrengebinde über einer Fenster- oder Türöffnung zu stehen kommt, verstärken Sie an dieser Stelle das Rähm von unten mit einem waagerechten Kantholz, das hochkant gestellt wird.

Sparrengebinde

Die Sparrengebinde werden auf dem Boden montiert, bevor sie aufgerichtet werden. Die Dachneigung beträgt 27 Grad. Messen Sie, reißen Sie an und schneiden die Teile für ein einziges Sparrengebinde zu. Benutzen Sie dieses als Schablone für die übrigen. Nageln Sie das Gebinde danach zusammen und legen es dabei auf den Boden, um es als Unterlage zu verwenden, wenn die übrigen Sparrengebinde zusammengenagelt werden.

Als Material für die Sparrengebinde verwenden Sie gehobeltes Konstruktionsholz K12 (früher als Ö-Holz bezeichnet) von ausgesuchter Qualität. Für die Verbindungsstellen und Stöße benutzen Sie Verbinder 80×240×1,5 mm, die symmetrisch auf beiden Seiten angebracht werden. Dazu benutzen Sie Ankernägel 35×40. Die Anzahl der Nägel und die Abmessung der Beschläge, wie sie auf der Abbildung gezeigt werden, sind für die Schneezone 3 berechnet und deshalb für ganz Schweden, außer im Fjäll, zu verwenden. Das Dach ist für Dachpfannen ausgelegt. Die Baubehörde kann Ihnen auch sagen, zu welcher Schneezone Ihre Gemeinde gehört.

Für ein mit Dachpappe oder mit Pfannen eingedecktes Dach wird zunächst eine Unterschalung aus Rauhspund 17–23×95 mm direkt auf die Sparrengebinde genagelt. Als Unterlage für ein Blechdach mit profilierter Oberfläche werden Kanthölzer der Abmessungen 45×70 mm verwendet, die direkt auf die Sparrengebinde mit doppelten feuerverzinkten Drahtnägeln 100×34 genagelt werden.

Stülpschalung und Schalung mit Deckleisten

Man kann die Wand mit Stülpschalung oder mit Brettern und Deckleisten verkleiden. Am unte-

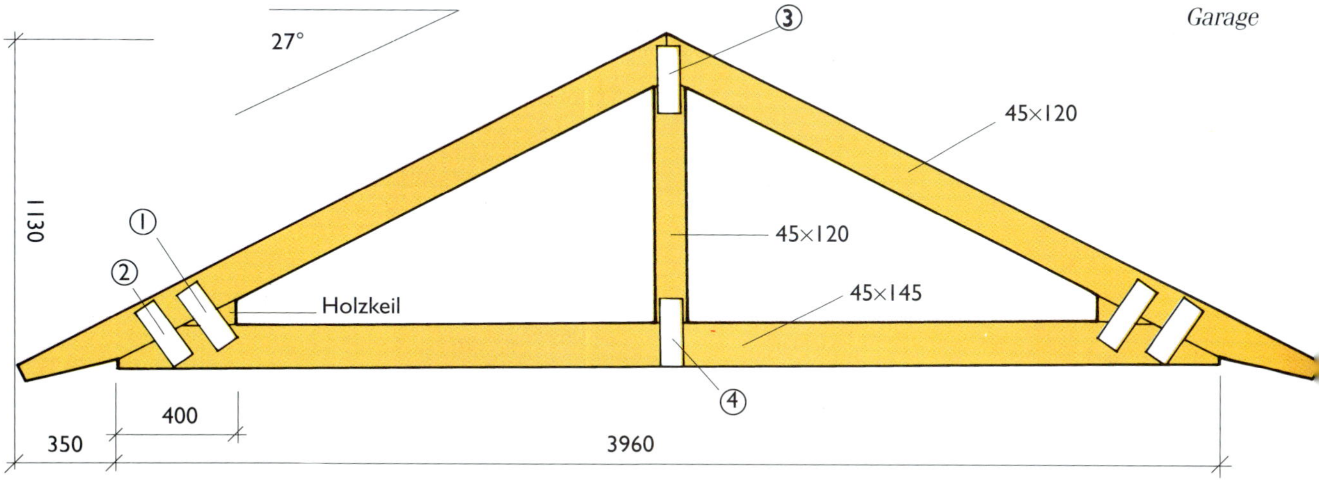

Alle Maße in mm

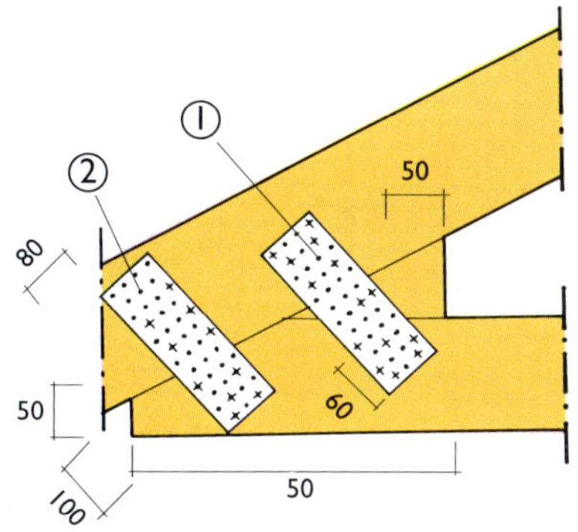

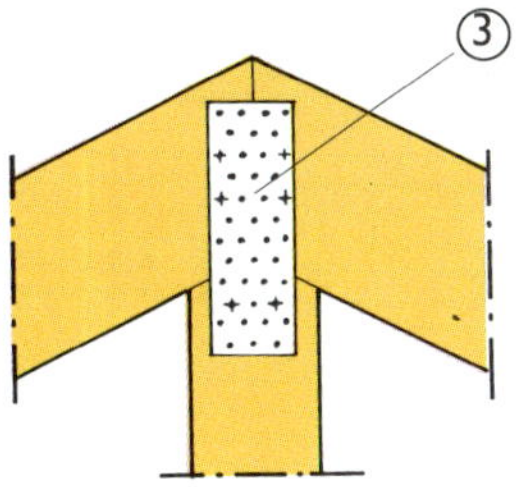

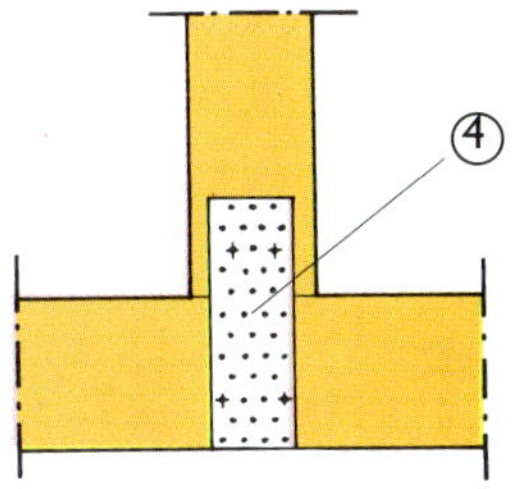

1. 6+6 (+2) Nägel von jeder Seite
2. 5+5 Nägel von jeder Seite

3. 2+4 Nägel von jeder Seite

4. 2+2 Nägel von jeder Seite

ren Ende werden die Bretter schräg angeschnitten, wodurch eine Abtropfkante entsteht.
Verwenden Sie feuerverzinkte geriffelte Drahtnägel. Wählen Sie eine Stülpschalung, denken Sie daran, wie Bretter trocknen. Deshalb muß jedes zweite Brett mit dem Kernholz nach außen genagelt werden und jedes Brett dazwischen mit dem Kernholz nach innen. Dadurch dichten sich die Stöße von selbst ab, wenn das Holz sich durch Trocknung muldet. Dies bereitet jedoch Schwierigkeiten, wenn einseitig gehobeltes Holz verwendet wird, da dann die Außenseite immer abwechselnd aus einem gehobelten und einem ungehobelten Brett besteht.
Die unteren Bretter der Stülpschalung werden mittig mit einem Nagel 25×28 befestigt. Das obere Brett überlappt das untere Brett um 20 mm, mit zwei nebeneinanderliegenden Nägeln 100×34 befestigen. Die Nägel werden in der Nähe des unteren Brettes, aber nicht durch das untere Brett geschlagen. Manchmal werden auch kleine Klötze zwischen die unteren Bretter eingeschlagen, zum besseren Halt für die oberen Bretter. Es ist sehr wichtig, daß die unteren Bretter aufquellen und schrumpfen können, ohne daß Risse entstehen.
Am besten ist es, die Außenpaneele in der endgültigen Farbe zu grundieren, bevor sie montiert werden.
Fenster und Türen werden mit Traufblechen an der Ober- und Unterkante versehen. Dachrinnen und Fallrohre leiten das Niederschlagswasser ab.
Eine Giebelseite bekommt eine Luke, so daß der Dachboden zugänglich bleibt.

Kleines Ferienhaus

Viele träumen von einem eigenen Ferienhaus, aber der Wunsch und die technischen Vorraussetzungen können oft sehr stark voneinander abweichen. Wenn man sein Haus selbst baut, benötigt man oftmals Rat und Tips. In diesem Kapitel zeigen wir, wie Sie ein kleines Ferienhaus selbst bauen können.
Obwohl die Wohnfläche nicht groß ist – wenn gut geplant wird, ist es trotzdem sehr geeignet. Wenn man bedenkt, daß viele Familien während des Sommers in engen Wohnwagen und Booten wohnen, ist eine Grundfläche von 37 m^2 ganz ordentlich.
Viele Freizeithäuser werden zu eng, wenn sich zwei und manchmal auch drei Generationen das Haus teilen müssen, dazu kommen ab und zu Gäste. Eine gute Lösung kann es sein, an das alte Haus ein neues anzubauen. So können Sie ein weiteres ähnliches Haus im Winkel dazu anbauen, wie die Abbildung zeigt. Eine große Terrasse aus Holz verbindet die Häuser miteinander. Schließlich verbringt man, wenn man im Sommerhaus Urlaub macht, wahrscheinlich die meiste Zeit im Freien.
Dieses hier abgebildete Haus sollte sich gut in die vorhandene Bebauung und Landschaft einpassen, ohne dabei zu dominieren. Die Firsthöhe ist niedrig, genauso wie die Längsseiten des Gebäudes. Das Vorbild ist zeitlos, es handelt sich um eine lange, flache „Ryggåsstuga", ein Gebäudetyp, der früher im ganzen Lande üblich war. Um die Raumhöhe innen zu vergrößern, wird die Innendecke im Giebel so hoch abgehängt, daß sich an den Längsseiten des Hauses innen noch eine kleine Schräge ergibt. Eine weitere Variante waren die „Ryggåsstugan" mit einem überdachten Durchgang, der als Freisitz dienen kann. Diesen Typus haben wir als Vorbild für unser kleines Freizeithaus ausgewählt.
Alle Türen befinden sich im Durchgang. Dort sind sie vor Nässe und Wind geschützt. Die Fen-

Die Form des Gebäudes ist unauffällig und zeitlos. Dadurch läßt sich das Haus leicht in die Landschaft integrieren. Das Vorbild ist der Typus der langen, flachen „Ryggåsstugan". Die Abmessungen sind so angepaßt, daß man das Haus sehr leicht in Eigenbau, beispielsweise als Ergänzung zu einem vorhandenen Haus, errichten kann.

ster liegen an den Längsseiten und sind dort durch eine große Traufe gut geschützt.
Ein solches Gebäude paßt zu einer älteren vorhandenen Bebauung, beispielsweise am Dorfrand. Wand- und Dachmaterial und die Farbgebung werden an den örtlichen Gegebenheiten ausgerichtet. Man kann sich auch von den in der Gegend üblichen Holzverzierungen inspirieren lassen, aber hüten Sie sich vor Übertreibungen. Als Farbgebung paßt immer das Faluner Rot, weißer Zierrat und die traditionellen Dachpfannen aus Ton. Steht das Haus frei in der Landschaft, muß es sich zurückhaltend der Umgebung anpassen, etwa an einen Waldrand. Die Fassade kann dann mit Eisenvitriollösung gestrichen werden, die den grauen Farbton von natürlich gealtertem Holz aufweist. Eisenvitriolpulver wird mit Wasser vermischt.
Wird das Haus in einer Sommerhaussiedlung errichtet, muß es so gebaut werden, daß ein blickgeschützter Freisitz entsteht. Denken Sie aber auch an einen eventuellen zukünftigen weiteren Ausbau.
Wählen Sie immer den besten Platz unter dem Aspekt von Sonneneinstrahlung und Windrichtung. Wenn zwei Häuser im Winkel zueinander stehen, erhalten Sie immer eine schöne Freifläche. Ein Plankenzaun oder ein Spalier, die zwei Häuser miteinander verbinden, bieten guten Schutz vor Wind.

Plan mit Variationen

Die Innenaufteilung kann auf verschiedene Art und Weise gelöst werden. Doch allen gemeinsam ist ein großer Wohnraum und die Aufteilung mit dem überdachten Durchgang.
In der Grundplanung haben wir zwei Schlafräumen den Vorzug gegeben, die hinter dem Kamin liegen. Jeder Raum hat 4,5 m^2 und ein Fenster. Fest eingebaute Etagenbetten bieten vier Personen Platz. 600 mm breite Schränke passen seitlich neben die Türen.

A

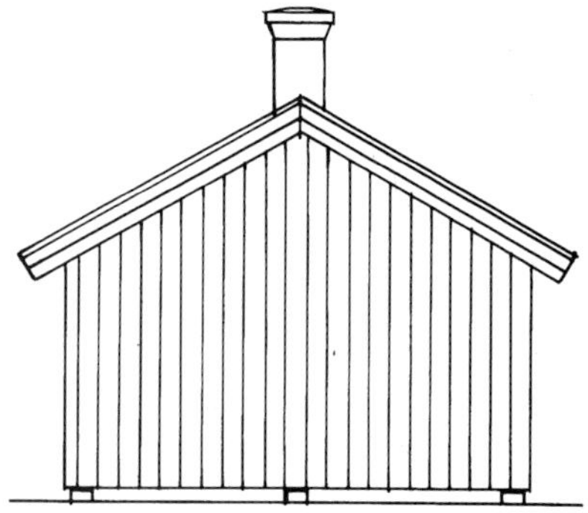

B

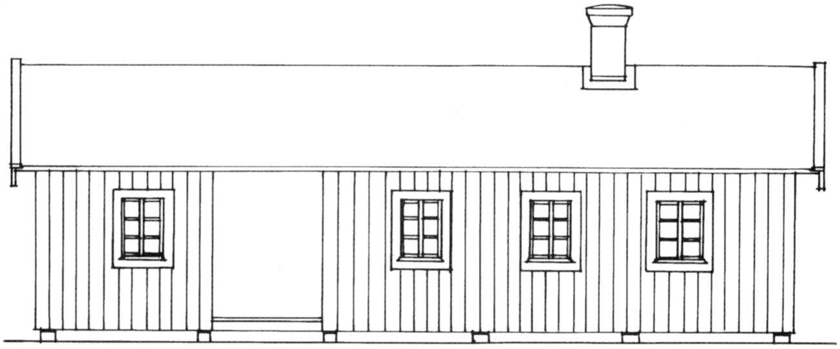

C

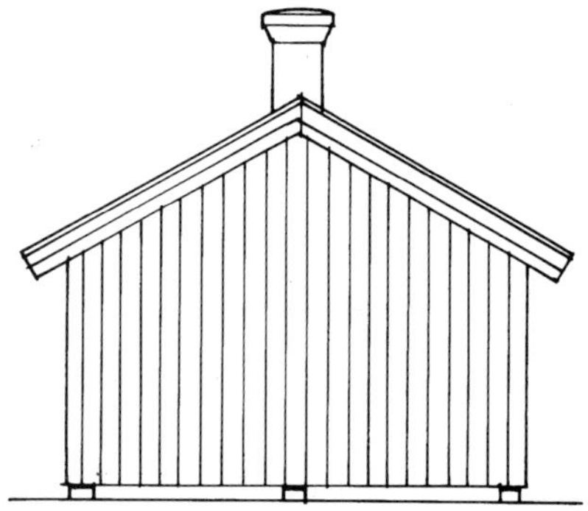

D

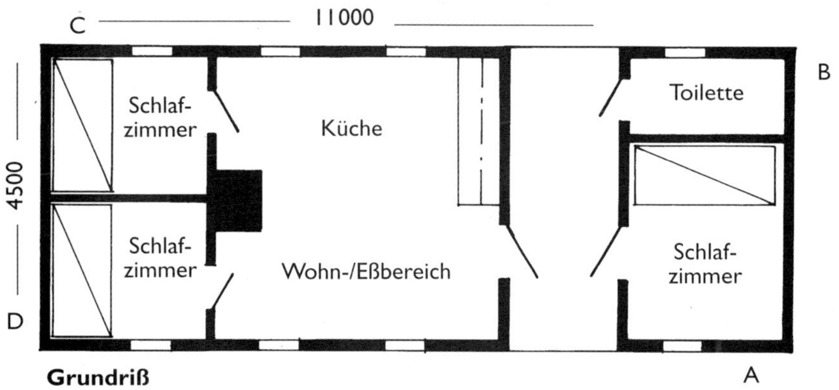

Grundriß

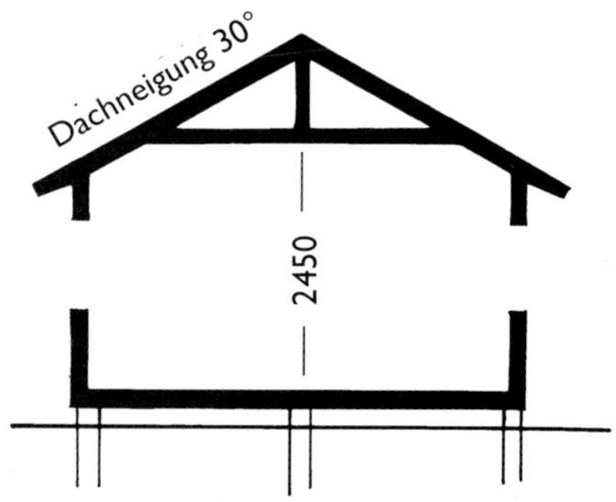

Schnitt

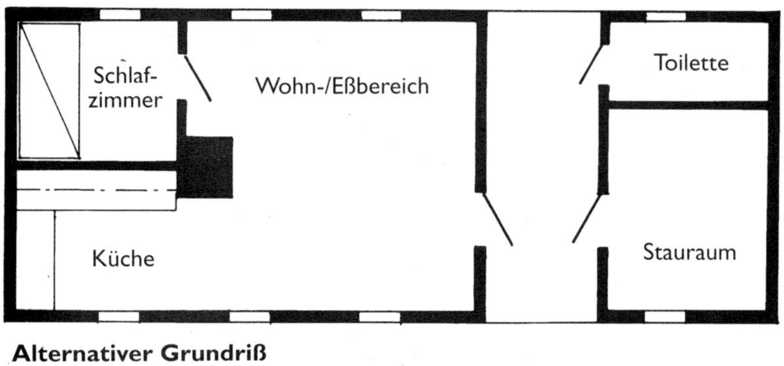

Alternativer Grundriß

Hier sehen Sie Beispiele, wie man die Innenaufteilung gestalten kann. Die Grundfläche beträgt ca. 37 m². Das Gebäude ist in zwei Teile untergliedert, den Wohn-, Schlaf- und Eßbereich und einen kleineren Bereich mit Sanitärraum. Dazwischen liegt der überdachte Durchgang. Der größere Teil des Hauses auf der linken Seite des Durchgangs hat zwei kleine Schlafräume und ein Wohnzimmer mit Küche und Eßplatz. Der kleinere Teil des Hauses auf der rechten Seite hat zwei Räume, die Toilette und Stau- bzw. Schlafraum für Gäste.

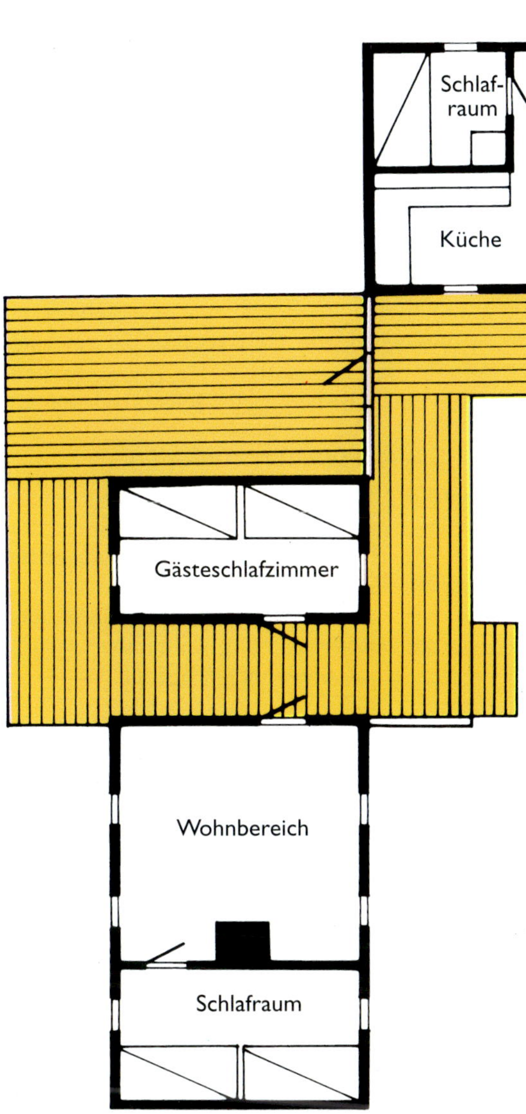
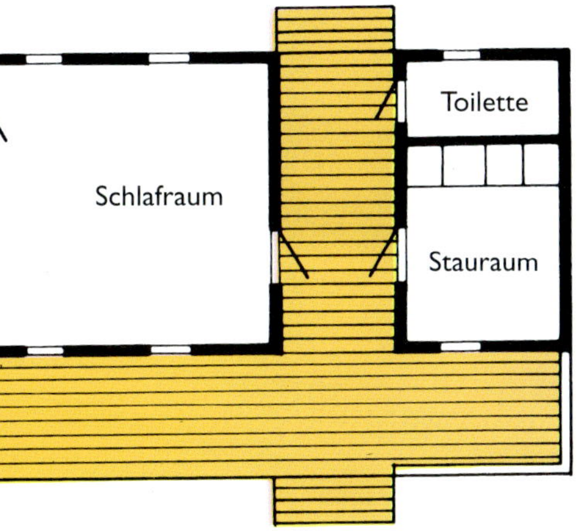

Von Anfang an sollte man darauf achten, wie man das Haus später vergrößern kann. So wie hier gezeigt, können beispielsweise zwei gleiche Häuser winklig aneinander gesetzt werden.
Die zwei überdachten Durchgänge ergeben eine Einteilung in vier separate kleine Einheiten. Viele kleine Räume und zwei große Wohnbereiche bieten Gelegenheit zum Zusammen- und Alleinsein. Das ist wichtig, wenn das Haus von vielen Personen benutzt wird, beispielsweise von mehreren Generationen oder Familien.
Ein Freizeithaus, das viel zur Sommerzeit benutzt wird, sollte gut durchdachte Lebensbereiche im Freien haben. Die beiden Plankenzäune geben Wind- und Blickschutz. Die über Eck gebaute Holzterrasse liegt in einem Bereich, der den größten Teil des Tages von der Sonne beschienen wird. Auf der Rückseite im Westen befindet sich eine kleinere Holzterrasse, die von der Abendsonne beschienen wird. Die beiden Durchgänge bieten Schutz vor Regen, für Gartenmöbel und vieles andere mehr.

Eine Fenstereinfassung läßt sich mit verzierten Holzleisten, die außen am Fensterfutter angebracht werden, ansprechend gestalten.

Wohnbereich

Der Wohnbereich ist ein quadratischer Raum von 17,5 m² und hat vier Fenster. Er dient als Wohn-/Eßraum und Küche. Die höher im Giebel eingezogene Decke, die zentrale Feuerstelle mit jeweils einer Tür auf jeder Seite und die vier kleinen Fenster sind Details in der Planung, die dazu beitragen, ein gemütliches Umfeld im nostalgischen Stil zu schaffen.

Durchgang

Der Durchgang ist an zwei Seiten offen. Hier ist die Eingangstür gut vor Wind und Wetter geschützt. Sie können auch noch große Türen einbauen, die bei Sturm oder wenn das Haus unbewohnt ist, eingehängt und geschlossen werden können.

Küche

Die gerade Küche ist 2,20 m lang. Sie kann auch in eines der als Schlafzimmer geplanten Zimmer verlegt werden, das das beste Tageslicht hat. In diesem Fall wird die Wand zum Wohnbereich weggelassen, wodurch Sie die Möglichkeit haben, eine etwas größere Küche von 3,60 im Winkel einzubauen. In einem Wohnbereich ohne Kücheneinrichtung ist sowohl für einen Eßtisch als auch für etwas bequemere Sitzmöbel Platz.

Toilette

Auf der anderen Seite der offenen Diele gibt es einen 3 m² großen Raum für eine Toilette mit Waschbecken. Wählt man eine biologische Kompostierungstoilette, kann sie dort mit guter Belüftung eingebaut werden. Die Abluft wird dabei in einem Blechrohr durch das Dach geführt.

Gästeschlafzimmer/Stauraum

Neben der Toilette gibt es einen kleinen Schlaf- oder Stauraum von 7,5 m² mit separatem Eingang. Dieser Raum kann als Gästezimmer benutzt werden. An der Wand zur Toilette ist Platz für einige Schränke. Alternativ können auch zwei Betten rechtwinklig zueinander gestellt werden. Das Zimmer hat ein Fenster.

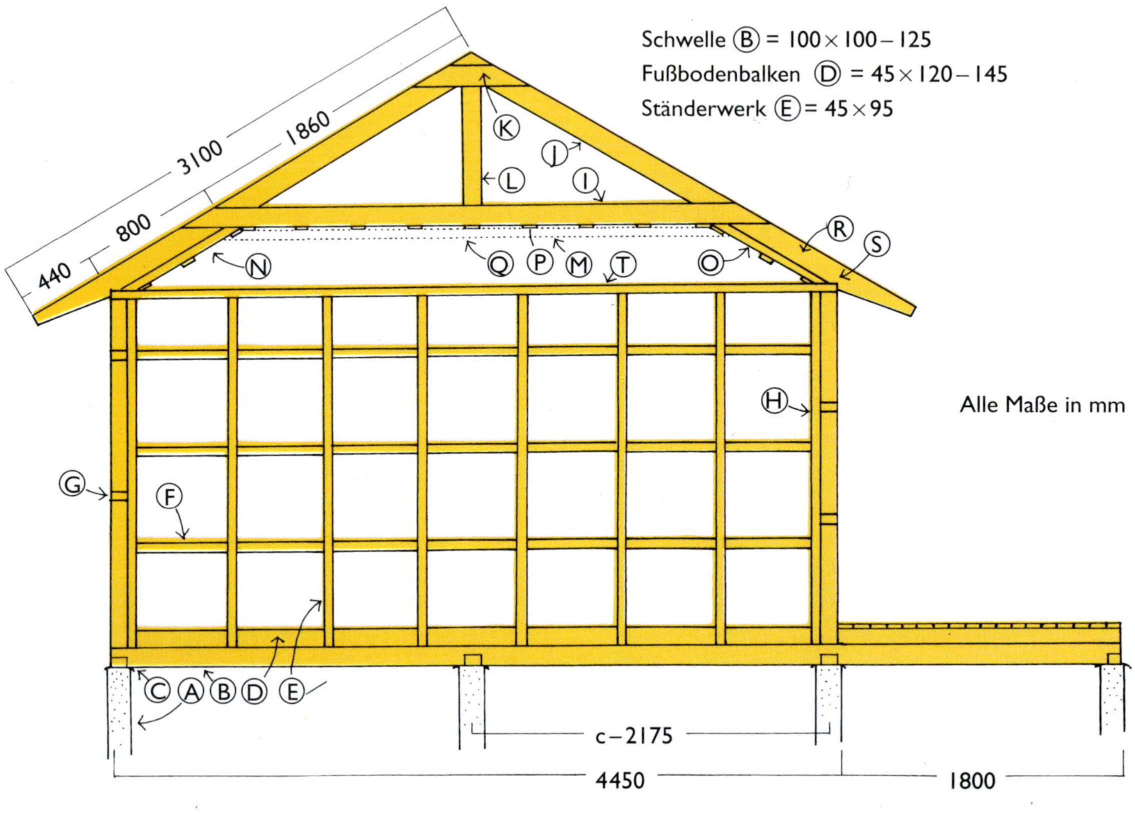

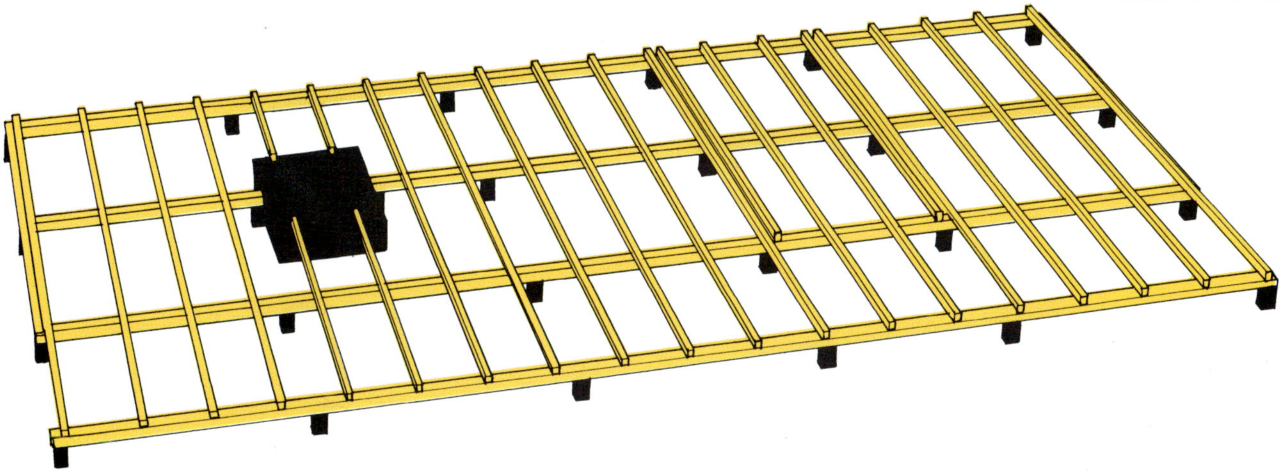

Fundament

Das Haus und die Holzterrasse ruhen auf 24 gegossenen Betonpfeilern (A) mit einem Mittenabstand von ca. 2 m. Auf die Pfahlfundamente wird die Schwelle (B) gelegt. Um aufsteigende Feuchtigkeit vom Holz fernzuhalten, zwischen Schwelle und Beton eine Isolierung (C) legen. Die Schwelle wird auf den Pfahlfundamenten durch durchgehende umgebogene Baustahleisen oder eingegossene Ankerplatten mit Holzschrauben mit Sechskantgewinde befestigt. Der Teil der Schwelle, der die Holzterrasse trägt, wird zusätzlich durch einen langen Isolierstreifen gegen Feuchtigkeit von oben geschützt.

Schornstein und Kamin

Soll das Haus mit einem schweren Schornstein und einem offenen Kamin ausgestattet werden, müssen Sie dieses jetzt vorbereiten. Dazu gießt man ein ausreichend bemessenes Betonfundament, das mit Eisen bewehrt wird. Das Fundament muß auf festem Untergrund stehen, der nicht durch Frostbewegungen beeinträchtigt wird. Alternativ gibt es leichte Schornsteine und Kamine, die auf einen stabilen Holzfußboden gestellt werden können.

Fußbodenbalken

Die Fußbodenbalken (D) liegen auf vier längslaufenden Schwellen (B). Vier querlaufende Schwellen finden sich an den Giebelwänden der Häuser und im Durchgang. Alle Stöße werden zur Hälfte überplattet. Die Stöße müssen über einem Betonfundament liegen.
Die Fußbodenbalken (D) werden auf der Schwelle schräg vernagelt, wobei sie einen Mittenabstand von 600 mm erhalten. Alle Stöße von Fußbodenbalken Kante an Kante auf einer Schwelle ausführen. Bevor Sie die Fußbodenbalken auf der Schwelle befestigen, werden die Bretter 22×95 mm aus druckimprägniertem Kiefernholz Klasse AB von unten zur Aufnahme des doppelten Bodens unter die Fußbodenbalken genagelt.
Dadurch bilden sich unten Falze auf jeder Seite der Fußbodenbalken, auf die Plattenmaterial gelegt wird. Auf die Platten kommt dann die Bodenisolierung, die je nach der Dimension der Fußbodenbalken 120 oder 145 mm dick sein kann.

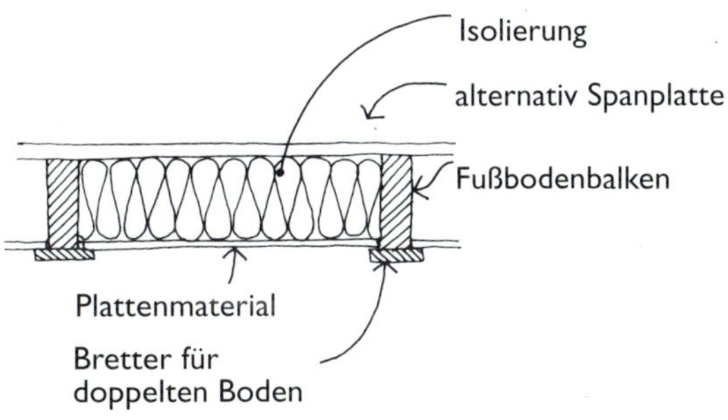

Fachwerk

Die Ständer der Wände (E) sind 2150 mm lang. Sie werden mit schräg eingeschlagenen Nägeln auf der Schwelle befestigt, wenn möglich neben einem Fußbodenbalken. Beginnen Sie damit, alle Eckständer aufzurichten. Diese bestehen aus zwei Kanthölzern, die Kante an Kante gestellt werden. Richten Sie diese mit einer langen Wasserwaage aus und befestigen sie provisorisch mit schrägen Leisten unten an der Schwelle. Richten Sie dann die übrigen Ständer auf die gleiche Weise auf. Oben werden die senkrechten Ständer der Wände mit einem liegenden Kantholz verbunden, dem Rähm (T).

Lassen Sie im Fachwerk Platz für Fenster und Türen. Stellt man die Türen selbst her, ist eine passende Breite für Stauraum und Toilette 650 mm. Die übrigen Eingangstüren sollten 800 mm breit sein. Müssen die Türen für einen Rollstuhl passend sein, wird eine Breite von 900 mm erforderlich. Alle Türen haben eine Höhe von 1950 mm.

Mit einfachem Fachwerk wird die Wandisolierung 95 mm stark, was für ein Sommerhaus im südlichen Schweden ausreicht. Mit doppeltem Fachwerk wird die Isolierung 140 mm stark.

Sie brauchen Untergründe zum Vernageln von Platten oder senkrechten Außenpaneelen. Dazu müssen passende waagerechte Riegel (F) zwischen den senkrechten Ständern angebracht werden. Das eine Ende des Riegels wird mit einem Nagel befestigt, der durch den Ständer getrieben wird. Das andere Ende mit einem von oben schräg eingeschlagenen Nagel sichern. Auch über Türen und Fenstern werden Riegel (G) angebracht. In den Ecken Klötze (H) annageln. Das stabilisiert das Fachwerk und ergibt einen guten Halt für die Eckbretter der Außenpaneele.

Platten, die innen und außen aufgenagelt werden, verstärken das Fachwerk nochmals. Es müssen trotzdem zwei Diagonalstreben an den Ecken eingebaut werden. Aussparungen für Fenster, Türen und Dachluken lassen.

Außen wird das Fachwerk mit winddichten Platten oder winddichter Pappe verkleidet. Für eine senkrechte Außenpaneele benötigt man eine belüftete Rückseite. Dazu nageln Sie dünne waagerechte Leisten auf die Platten. Die Leisten werden mit Nägeln auf Riegeln, Schwelle und Rähm befestigt. Die Außenpaneele in Stülpschalung oder als Schalung mit Deckleisten ausführen.

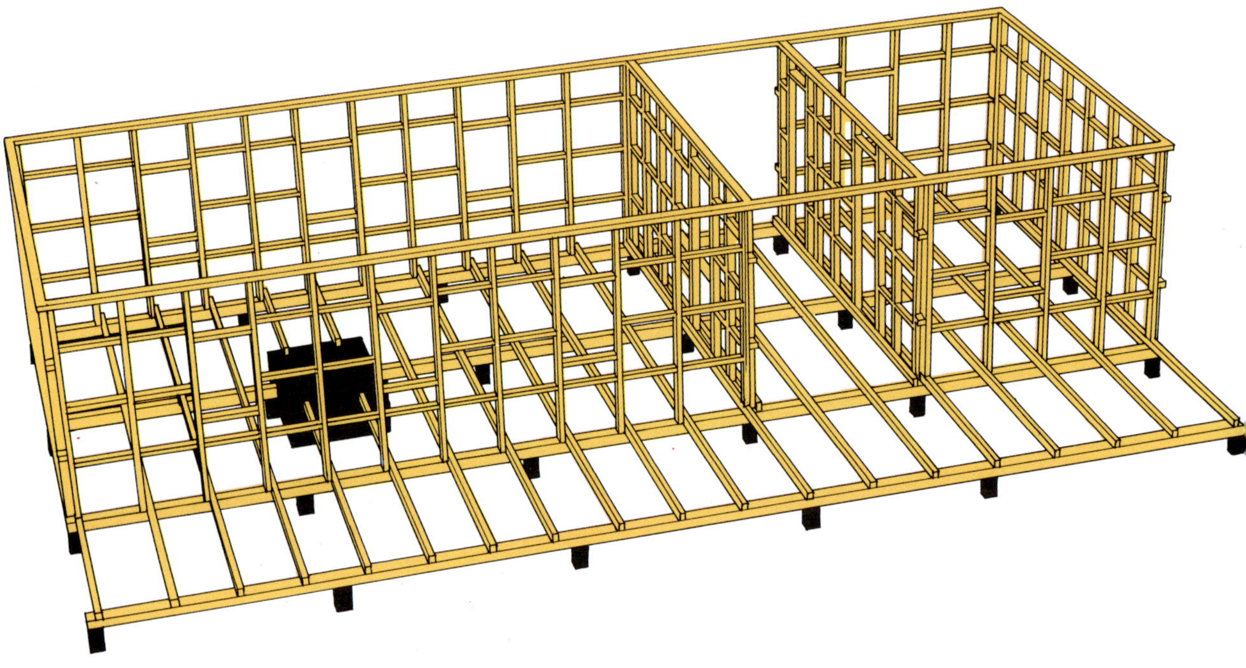

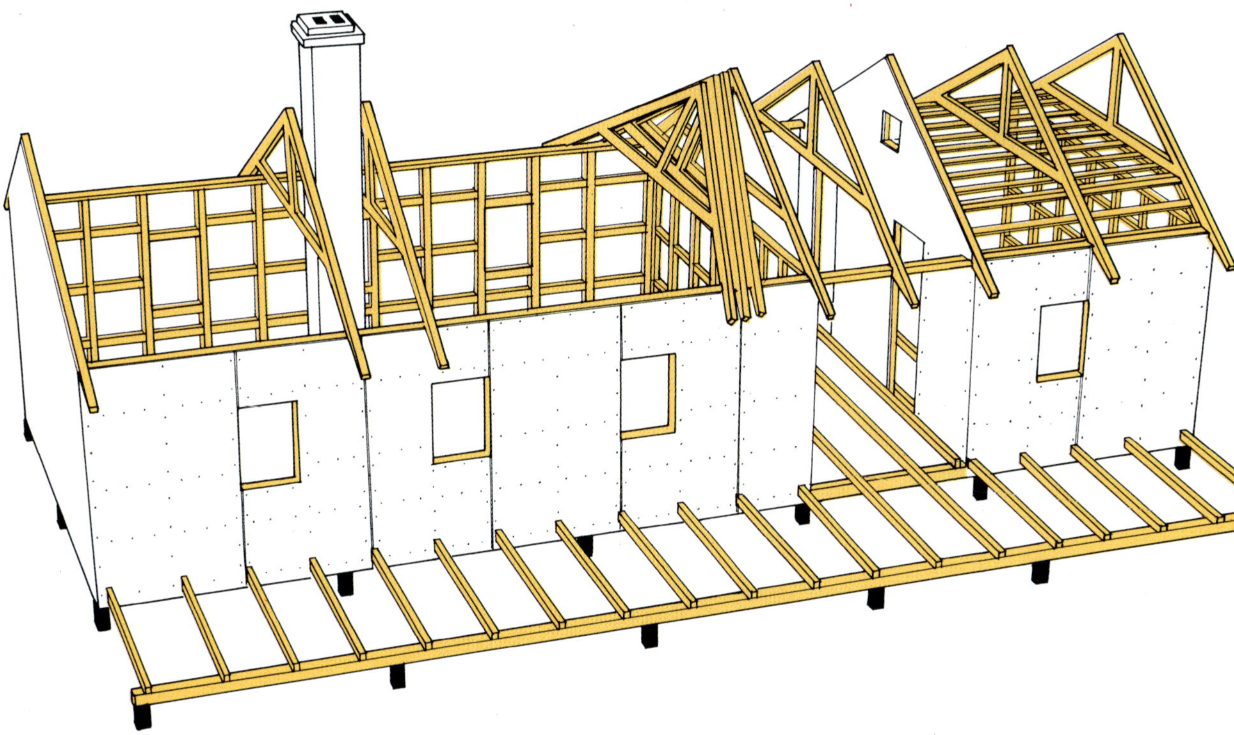

Dachstuhl

Die Sparrengebinde können vorbereitet werden. Sie sind nicht zu schwer oder zu groß, als daß man sie nicht in einer Garage anfertigen könnte. Schneiden Sie die Einzelteile für ein Sparrengebinde zu und benutzen diese als Schablone für die anderen. Die überstehenden Enden an der Traufe schneiden Sie etwas schmaler zu. Machen Sie eine passende Aussparung für das Rähm. Zuerst wird ein Sparrengebinde mit Metallverbindern oder Verbindungsstücken aus Sperrholz oder Holz zusammengenagelt. Das erste Sparrengebinde können Sie auf Böcke legen und als Unterlage bei der Montage der weiteren benutzen. Diese müssen so dimensioniert werden, daß sie die Schneelasten der entsprechenden Schneezone Schwedens aushalten können. Aus den Detailzeichnungen geht hervor, welche Holzdimensionen verwendet werden müssen, und wie die Metallverbinder zu montieren sind. Der Firstwinkel beträgt 30 Grad. Die Bezeichnungen sind wie folgt: Dachsparren (J), die schrägstehen, Unterrahmen (I), der waagerecht montiert wird und ein Stiel (L), der als senkrechte Stütze dient.

Insgesamt benötigen Sie 11 Sparrengebinde. Vier davon werden auf einer Seite mit Außenpaneelen verkleidet. Reißen Sie auf dem Rähm an, wo die Sparrengebinde mit schräg eingeschlagenen Nägeln befestigt werden. Sie erhalten einen Mittenabstand von 1200 mm.

Wenn die Sparrengebinde auf ihren Montageplatz gebracht werden, ist es von Vorteil, einige starke Personen zur Hilfe zu haben. Beginnen Sie mit den Sparrengebinden der Außengiebel. Richten Sie sie senkrecht aus und befestigen Sie provisorisch mit schräggestellten Leisten.

Montieren Sie die übrigen Sparrengebinde. Achten Sie darauf, daß der Mittenabstand zwischen ihnen immer gleich ist. Zur Sturmsicherung sichern Sie die Sparrengebinde mit Locheisenband, das um die Sparren gebogen und am Rähm angenagelt wird. Eine Alternative sind spezielle Metallbeschläge zur Befestigung von Dachsparren. Zwischen Schornstein und Sparrengebinde muß ein Mindestabstand von 100 mm eingehalten werden.

Detail des Sparrengebindes mit Vernagelung für die Schneezonen 1–3 (im Süden Schwedens)

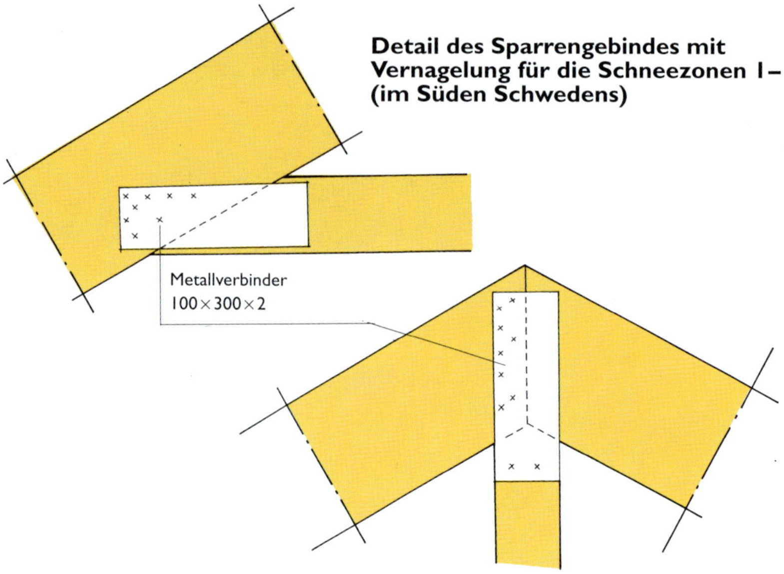

Sparrengebinde für die Schneezone 4, westliches Svealand und Norrland

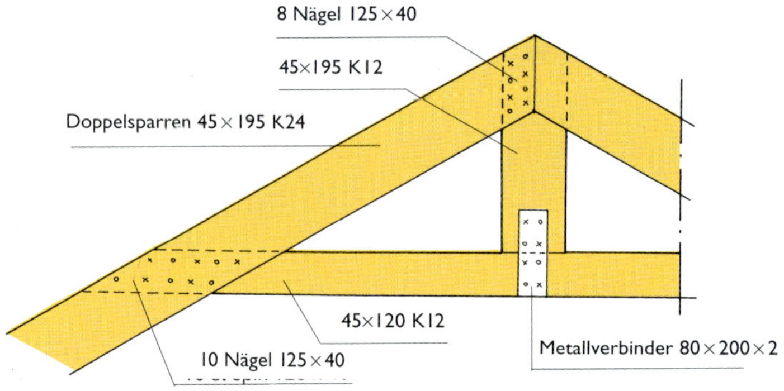

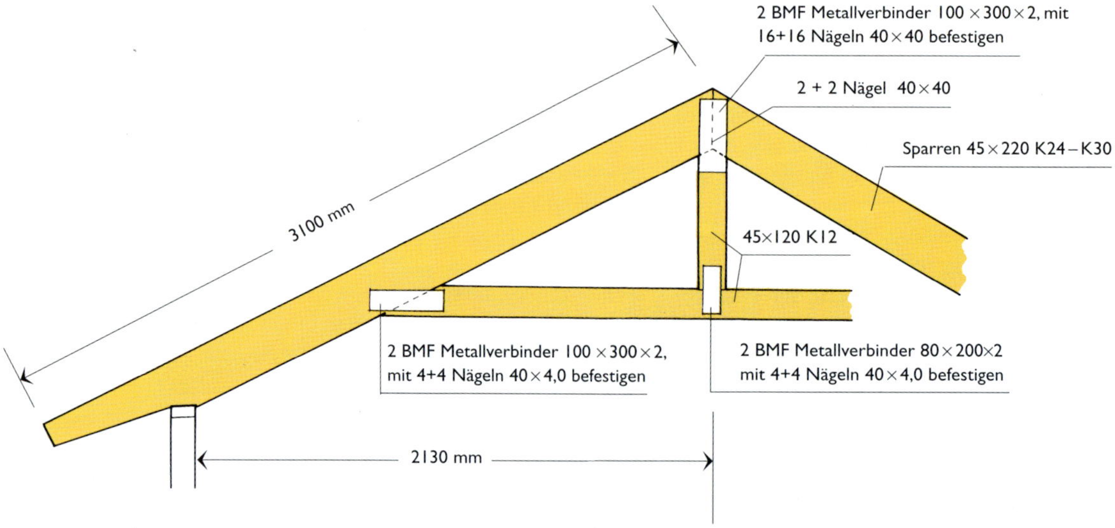

Dach

Warten Sie nicht zu lange damit, das Dach mit Rauhspund 23×95 mm und Unterpappe einzudecken, damit das Fachwerk des Hauses nicht Regen ausgesetzt wird. Zu einem solchen Haus passen am besten Dachpfannen mit einer Mulde. Gebrauchte Dachpfannen kosten gewöhnlich nicht viel und haben außerdem eine ansprechende Patina.

Die Dachrinnen werden an speziellen Haken an der Traufe montiert. Die Rinnen sollten ein gutes Stück an den Giebelseiten überstehen. Auf diese Weise benötigen Sie keine Fallrohre. Nehmen Sie feuerverzinkte oder Dachrinnen aus Blech mit Industrielackierung. Am besten auch die Traufe mit einem Traufblech versehen. Dieses wird vor der Dachpappe und vor den Befestigungshaken der Dachrinne befestigt.

Abhängig davon, ob das Dach mit Pappe oder Pfannen eingedeckt wird, werden die Giebel mit schmaleren oder breiteren Windfedern ausgestattet. Traditionell verwendet man bei diesem Haustyp breite Windfedern.

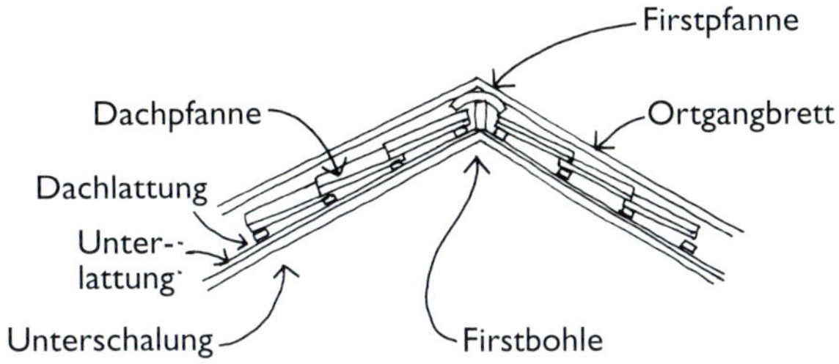

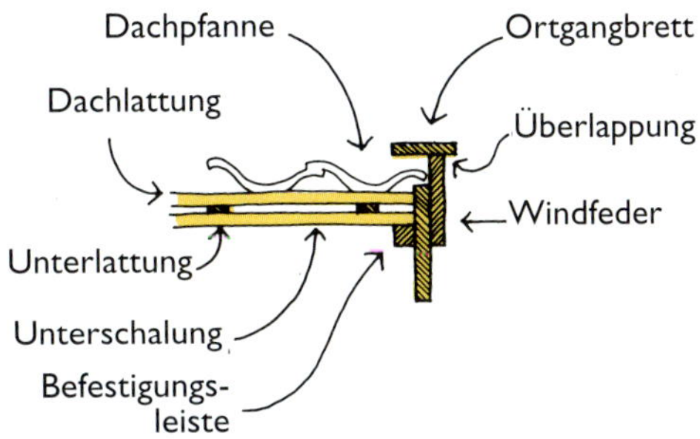

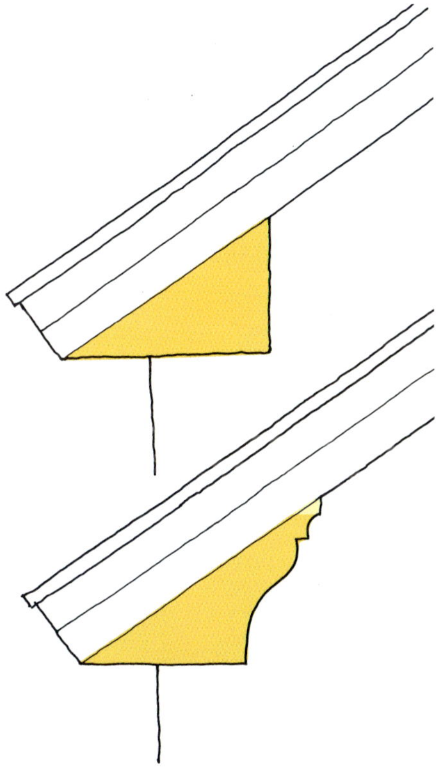

Bei älteren Häusern erhalten die Windfedern unten oft ein dreieckiges oder verziertes Abschlußstück. Das sieht dekorativ aus und betont den nostalgischen Charakter des Giebels.

Register

BÜCHER *aus unserer Edition »Hobby und Handwerk«*

Hobby und Handwerk

BÜCHER-*Raritäten von gestern und vorgestern*

EDITION libri rari

Fordern Sie bitte unser kostenloses Gesamtverzeichnis an oder besuchen Sie uns im **Internet**

Verlag Th. Schäfer

Postfach 54 69 · 30054 Hannover

Telefon (05 11) 8 75 75 - 075 · Telefax (05 11) 8 75 75 - 079

Internet: www.th-schaefer.de/libri-rari

E-Mail: libri-rari@th-schaefer.de

Hobby und Handwerk

EDITION libri rari